DICTIONNAIRE
HISTORIQUE
UNIVERSEL,

CONTENANT

Les Chronologies de tous les peuples, depuis l'antiquité la
plus reculée jusqu'à nos jours, avec une Esquisse de leurs
différens cultes; la Chronologie de l'Ancien-Testament;
celle des Papes, des Antipapes, des Conciles, des Schismes
et des Hérésies, etc.; celle des Hommes célèbres, de tous les
siècles, dans les arts et dans les sciences; enfin celle des
Inventions et Découvertes, et des Institutions françaises
les plus importantes;

PAR
M. ARNAULT ROBERT,

AUTEUR DE DIVERS OUVRAGES CHRONOLOGIQUES, ET MEMBRE
DE PLUSIEURS SOCIÉTÉS SAVANTES.

" Indocti discant, et ament meminisse periti. "

SIXIÈME ÉDITION.

A PARIS,

CHEZ L'AUTEUR, RUE GAILLON, N° 6.

1830.

DICTIONNAIRE HISTORIQUE

UNIVERSEL.

IMPRIMERIE DE J. SMITH,
Rue Montmorency, nº 16.

INTRODUCTION.

L'histoire occupe de nos jours un rang fort élevé parmi les connaissances humaines ; elle devient l'objet d'une multitude d'ouvrages qui en attesteraient assez l'importance, s'il n'était point honteux aujourd'hui d'ignorer les élémens d'une science aussi généralement répandue ; et ces élémens sont la chronologie. Quoi de plus ridicule, en effet, que ces anachronismes sans nombre, que commettent à chaque instant les personnes peu instruites dans l'histoire chronologique, en transposant les faits par l'ignorance des dates.

L'utilité de l'histoire est incontestable, et l'on convient généralement que la chronologie doit servir d'introduction à l'étude qu'on doit en faire, car autrement l'esprit s'égarerait dans la multiplicité des faits. Les époques de cette science sont comme des points d'appui sur lesquels la mémoire se repose, ou comme autant de points de réunion autour desquels les autres faits viennent se ranger dans l'esprit. Par là, on parvient sans travail à embrasser à la fois une foule d'événemens, de même qu'on saisirait d'un coup d'œil toutes les parties d'un vaste tableau.

Divers savans se sont exercés avec succès sur la chronologie; mais les livres des uns sont hérissés d'épines, et ceux des autres sont diffus et surchargés de colonnes embarrassantes, ou trop volumineux. On est effrayé lorsqu'il faut lire, pour s'instruire des élémens d'une science, plusieurs gros volumes en petit caractère, qui demandent une attention suivie, et qu'il faut avoir médités pour trouver tout de suite ce que l'on cherche.

Ainsi qu'on l'a fait pour les autres sciences, il était nécessaire que l'histoire chronologique fût présentée sous la forme d'un dictionnaire-manuel, pour suivre le goût de l'époque, et pour être mieux à la portée de tous. C'est ce que l'on a voulu faire en composant ce petit livre, qui sera distingué des grands dictionnaires historiques, en ce que ces derniers tendent toujours à multiplier les articles, et que celui-ci tend au contraire à les choisir, en rejetant ceux qui sont peu importans, et en évitant les dissertations, pour ne présenter que des précis et des résultats. Il sera aussi distingué de la plupart des abrégés, en ce que,

plus complet peut-être qu'aucun autre, il con-
tient toutes les chronologies anciennes et modernes, profanes et sacrées, même celles des
peuples qui ne sont que très-peu connus, et
celles des états les plus modernes. Des chronologies des hommes célèbres, des découvertes, etc., en font un complément utile, qui
dispense de beaucoup d'autres livres. Il offre
encore un avantage par la disposition des ma-
tières, qui sont rangées tout à la fois suivant
l'ordre géographique et suivant l'ordre chronologique, et de plus accompagnées d'une
table générale alphabétique. Ces trois moyens
rendront les recherches infiniment faciles.

Un objet qui devait surtout attirer l'attention de l'auteur, dans la composition de ce
petit dictionnaire, c'est la chronologie de l'histoire de France. Quelques chronologies se
bornent à présenter l'ordre de succession des
soixante et quelques rois qui nous ont gouvernés, ce qui est insuffisant sans la chronologie des autres faits mémorables dans notre
histoire; d'autres offrent des détails trop nombreux, ou des récits trop développés, ce qui
gêne dans la recherche des dates, objet essen-
tiel de la chronologie. Il fallait donc prendre

le milieu entre ces deux extrêmes, c'est-à-
dire n'omettre aucun fait important à consi-
gner dans l'histoire, et s'abstenir de toute ré-
flexion sur la moralité des événemens dont
on ne doit que constater l'ordre chronologique. C'est dans cette intention qu'a été con-
çue la chronologie de l'histoire de France
qui fait partie de ce petit ouvrage ; elle commence au temps de l'origine des Francs, plus
de 1000 ans avant Pharamond, et descend jusqu'à nos jours.

Il n'est pas hors de propos de rapporter ici
qu'il existe un très-grand nombre de systèmes
chronologiques différens, touchant le calcul
des années depuis la création jusqu'à la naissance de Jésus-Christ. On en compte soixante-
dix principaux, mais on se bornera à en citer
les plus remarquables.

SELON LA VULGATE :

Le P. Petau compte................ 3984 ans.
Rabbi Nahasson................... 3740
Joseph Scaliger et Ubbo Emmius.... 3950
Usserius 4004
Le P. Torniel, Salian et Sponde..... 4052
Le P. Labbe et Muller............. 4053
Riccioli......................... 4184

SELON LES SEPTANTE :

Eusèbe et le Martyrologe romain..... 5200 ans.

Isaac Vossius 5590

Riccioli. 5634

Les Tables alphonsines............ 6984

Tous les autres calculs y sont renfermés entre 3740 et 6984 ans.

Pour fixer le calcul des chronologistes, Joseph Scaliger a inventé, au seizième siècle, la période julienne; mais elle est peu en usage et l'on aime mieux se servir du calcul qui commence à la création, comme on l'a fait pour ce petit dictionnaire, ou qui rétrograde, en commençant par l'année de la naissance de Jésus-Christ.

Selon Newton, qui par ses profondes recherches a répandu tant de lumière sur l'antiquité, le monde est moins vieux que ne le croient les chronologistes. Les preuves qu'il donne sont de deux espèces : les premières roulent sur l'évaluation des générations; la seconde espèce de preuves est tirée de l'astronomie. Mais il faut avouer que ce système n'a point réussi. Il a été attaqué avec force par Fréret et le P. Souciet; il a cependant trouvé des défenseurs en France et en Angleterre.

L'année de la naissance de J.-C. est aussi fort disputée ; il y a sept à huit ans de différence, sur ce point, entre les auteurs. Mais depuis ce temps la chronologie commence à devenir plus certaine, par la quantité des monumens ; et les différences qui peuvent se rencontrer dans les calculs sont beaucoup moins considérables.

Comme l'histoire ancienne est ténébreuse, parce que les matériaux nous manquent, et que les chronologies sont contradictoires les unes avec les autres, on doit en conclure que les nombreux systèmes que nous possédons sont plutôt le tableau des opinions de leurs auteurs que celui des faits réels. Il serait inutile alors de se fatiguer à les concilier ou à en imaginer de nouveaux ; il suffit d'en choisir un et de le suivre. Tel a été le sentiment de l'auteur de cet ouvrage ; il a adopté, pour les époques principales, comme l'a fait M. le comte de Las-Cases, dans la composition de son Atlas, le système du P. Petau, parce qu'il est le plus généralement suivi, qu'on l'emploie dans l'application des nouvelles méthodes d'enseignement, et qu'il s'écarte peu de celui d'Usserius, autre système assez répandu.

TABLE DES MATIÈRES.

TABLE GÉNÉRALE ALPHABÉTIQUE.

I.

EUROPE.

GRÈCE.

PREMIÈRE ÉPOQUE.

Depuis l'origine de la Grèce, jusqu'au temps de la conquête de ce pays par les Romains.

ROYAUME DE SICYONE.

Ans
du monde.

1915. C'est à cette époque que le royaume de Sicyone, le plus ancien de la Grèce, fut fondé par Egialée.

—— Apis.

—— Egyre.

—— Erate.

—— Plemnée.

—— Orthopolis.

—— Corone.

—— Epopée.

—— Lamédon.

—— Sicio.

—— Polybe.

—— Jabisque.

—— Phœste.

—— Adraste.

2745. Zeuxippe.

2792. Agamemnon.

2877. Hippolyte et Lacestade, entre eux.

2881. Les Héraclides ou descendans d'Hercule règnent à Sicyone, à Argos, à Lacédémone, à Corinthe, à Elis, à Mycène.

ROYAUME D'ARGOS.

2127. INACHUS, fondateur du royaume d'Argos.

2188. Phoronée.

—— Apis, tyran, et en même temps Argus.

—— Criasus ou Pyrasus.

—— Phorbas.

—— Triopas.

—— Crotopus.

—— Sthenelus.

2420 (environ). Gélanor.

2509. Danaüs (venu d'Egypte).

2520 (environ). Xutus.

2559. Lincée.

2600. Abas.

2623. Prætus.

2640. Acrisius, tué par Persée, fondateur de Mycène.

2680 (environ). Mégapenthes.

2710 (environ). Adraste.

2721. Expédition des Argonautes.

2740 (environ). Ægialée.

2760 (environ). Diomède.

2790. Guerre de Troie.

2808. Oreste.

2850 (environ). Tisamène et Penthile.

HÉRACLIDES OU DESCENDANS D'HERCULE.

2881. Téménus.

2910 (environ). Cisus.

2930 (environ). Lacidamas.

2970 (environ). Melthas.

3010. Gouvernement démocratique , jusqu'au temps de la bataille de Chéronée, qui soumet la Grèce à Philippe II , roi de Macédoine, l'an 3626.

Voyez *Macédoniens et Grecs*, page 17.

ATHÈNES.

Le déluge ou inondation de l'Attique , appelé déluge d'Ogygès , a eu lieu vers l'an 2248 du monde, sous le règne d'Ogygès. C'est la première mention de ce pays dans l'histoire.

2426. Cécrops, venu d'Egypte , fonde la ville d'Athènes. Les marbres de Paros datent de son règne.

2476. Cranaüs.

2485. Amphictyon.

2495. Erichtonius.

2530 (environ). Eolus.

2545. Pandion I.

2585. Erechthée.

2635. Cécrops II.

2675. Pandion II.

2700. Egée.

2721. Expédition des Argonautes.

2754. Thésée.

2785. Menestée.

2790. Guerre de Troie.

2801. Demophoon.

2834. Oxynthes ou Zinthis.

2839. Aphidas.

2840. Thygmoetes ou Thymitès.

2856. Mélanthe.

2893. Codrus.

ARCHONTES PERPÉTUELS.

2913. Medon.

2930. Les Ioniens passent en Asie-Mineure.

2934. Acaste.

2969. Archippe.

2988. Thersippe.

3000. Les Doriens passent en Asie-Mineure.

3029. Phorbas.

3060. Mégaclès.

3090. Diogenète.

3118. Pheréclès.

3137. Ariphron.

3157. Thespiée.

3184. Agamestor.

3204. Echyle.

3208. Commencement des Olympiades.

3225. Alcmæon.

ARCHONTES POUR DIX ANS.

3225. Charops.
3235. Asimedès.
3245. Clidicus.
3255. Hyppoménès.
3265. Léocratès.
3275. Apsander.
3285. Eryxias.
3295. (Anarchie qui dure trois ans).

ARCHONTES POUR UN AN.

3298. Créon.
3360. Dracon.
3390. Solon.
3400. Anacharsis le Scythe.
3424. Pisistrate, tyran.
3457. Hipparque et Hippias.
3474. —(Bannis).
3484. Guerre médique.
3494. Miltiade à Marathon.
—— Thémistocle.
—— Aristides. Cimon.
3525. Périclès.
3535. Paix avec la Perse
3553. Guerre du Péloponèse.
—— Cléon.
—— Alcibiade.

3580. Les trente tyrans.

—— Thrasybule.

3581. Mort de Socrate.

3590. Conon.

3597. Paix d'Antalcidas.

3606. Guerre de Thèbes.

—— Chabrias.

—— Timathée , Iphicrate.

3619. Guerre sacrée.

3626. Bataille de Chéronée, qui soumet la Grèce
à Philippe , roi de Macédoine.

Voyez *Macédoniens et Grecs.*

———

LACÉDÉMONE ou SPARTE.

Vers l'an 2420 du monde , Lelex fonde Lacédémone.

2440 (environ). Myles.

2460 (environ). Eurotas.

2490 (environ). Lacédémon.

2550 (environ). Amyclas.

—— Argalus.

2600 (environ). Cymortas.

2660 (environ). Ebalus ou Abalus.

—— Hippocoon.

2690 (environ). Tyndare , père de Castor et
Pollux et d'Hélène.

2721. Expédition des Argonautes.

2730 (environ). Castor et Pollux.

2760 (environ). Ménélas, mari d'Hélène.

2790. Guerre de Troie.

2797. Oreste.

2850. Tisamène et Penthile.

HÉRACLIDES OU DESCENDANS D'HERCULE.

2881. Aristodème.

2881 (environ). Euristhènes et Proclès.

2928. Agis I et Echestrate.

2950 (environ). Euriphron.

2960. Pritanis.

2964. Lobotas.

3001. Doryssus.

3010 (environ). Eunomus.

3030. Agesilaüs.

3074. Archélaüs.

3080 (environ). Polydecte.

3089. Voyages de Lycurgue.

3092. Lycurgue, tuteur de Chérilaüs.

3099. Lois de Lycurgue.

3110 (environ). Chérilaüs.

3134. Télécus.

3174. Alcamenes.

3185 (environ). Nicandre.

3208. Commencement des Olympiades.

3215. Polydore.

3221. Théopompe.

3241. Première guerre de Messène.

3250 (environ). Eucrates I.

3254. Zeuxidamus.

3260 (environ). Anaxandre.

3280 (environ). Anaxidamus.

3299. Deuxième guerre de Messène.

3313. Eucrates II.

3320 (environ). Archidamus.

3350 (environ). Agesiclès, ou Hégésiclès.

3410 (environ). Léon, Ariston et Anaxandridès.

3440 (environ). Demarate.

3450 (environ). Cléomenes I.

3484. Guerre médique.

3490 (environ). Léotychides.

3500. Léonidas I.

3504. Combat des Thermopyles; mort de Léonidas.

—— Cléombrote I.

3505. Pausanias I.

3510 (environ). Archidamus Plistarchus.

3513. Elistoanax.

3515. Troisième guerre de Messène.

3535. Paix avec la Perse.

— 3553. Guerre du Péloponèse.

3557. Agis II.

3576. Pausanias II.

3579. Victoire à Eges-Potomes.

3580 (environ). Agésilas.

3586. Agésipolis I.

3590. Victoire à Coronée.

3596. Archidamus II.

3597. Paix d'Antalcidas.

3604. Cléombrote II.

3606. Guerre de Thèbes.

3613. Agésipolis II.

3614. Cléomenes II.

3619. Guerre sacrée.

3626. Agis III.

3626. Bataille de Chéronée, qui soumet la Grèce
à Philippe II, roi de Macédoine. (Voy.
Macédoniens et Grecs).

Depuis cette époque, jusqu'au partage de la
succession d'Alexandre-le-Grand, l'an 3677, la
Laconie, comme toute la Grèce, resta dans la
composition du grand empire des Macédoniens
et Grecs.

Vers l'an 3680, la Laconie reprend une forme
de gouvernement indépendant, sous Archidamus III.

—— Eudamidas.

3719. Acrotatus.

3720. Aréus.

3727. Léonidas II (chassé).

3730. Cléombrote III.

3750. Agis IV, règne quatre ans ; il est étranglé
par les Ephores.

3754. Euridamus.

—— Epiclidas.

3755 (environ). Léonidas II, rappelé.

3760 (environ). Cléomènes III.

3776. Cléomènes fuit en Égypte.

3779. Agésipolis III (règne peu de mois).

3779. Lycurgue, tyran.

La race d'Hercule finit à Lacédémone la même année 3779.

—— Machinadas, tyran, tué par Philopœmen.

—— Nabis, tyran, tué en 3806.

3814. Les Romains font la conquête de Lacédémone, et sont censés rendre la liberté aux Lacédémoniens.

———

THÈBES.

2442. Déluge ou inondation de la Thessalie, sous le règne de Deucalion.

2477. Hellen. Amphictyon.

2490. Fondation de Thèbes, par Cadmus de Phénicie

2530 (environ). Eolus.

2550 (environ). Nictée et Polidor.

2590. Nictée et Labdacus.

2640 (environ). Nictée et Laïus.

2641. Laïus et Lycus.

—— Amphion.

—— Laïus II.

2670 (environ). Créon.

2721. Expédition des Argonautes.

2730 (environ). OEdipe.

2750 (environ). Eteocle.

2760 (environ). Polynice.

2790. Guerre de Troie. Thersander.

2810 (environ). Tésamène. Damasicton. Ptolo-
mœus.

2830 (environ). Xanthus.

2856. Démocratie, jusqu'au temps de la conquête
de la Grèce par les Macédoniens.

3208. Commencement des Olympiades.

3484. Guerre médique.

3535. Paix avec la Perse.

3553. Guerre du Péloponèse.

3597. Paix d'Antalcidas.

3606. Guerre de Thèbes.

3619. Guerre sacrée.

3626. Bataille de Chéronée, qui soumet la Grèce
à Philippe II, roi de Macédoine : fin
de la république de Thèbes.

Voyez *Macédoniens et Grecs.*

CORINTHE.

2573 du monde, fondation de Corinthe par
Sisyphe.

2640 (environ). Glaucus.

2721. Expédition des Argonautes.

2790. Guerre de Troie.

HÉRACLIDES.

2881. Alètes.

2917. Ixion.

2954. Agélaüs.

2991. Pymnès.

3027. Bacchis.

3052. Agélaste.

3091. Eudème.

3117. Aristodème.

3152. Agémon.

3168. Alexandre.

3193. Telestès.

3195. Automènes.

3208. Commencement des Olympiades. Règne des Bacchiades, jusqu'au commencement du siècle suivant.

3326. Cypsélus se fait tyran de Corinthe.

3356. Périandre, fils de Cypsélus.

3397. Psamméticus.

3400. République.

L'histoire n'apprend plus rien du gouvernement de Corinthe pendant les deux siècles suivans. Cette république a cependant pris part aux évènemens généraux de la Grèce, tels que la guerre contre les Mèdes, celle du Péloponèse, celle de Thèbes, et la guerre sacrée.

3626. Bataille de Chéronée, qui soumet toute la Grèce aux Macédoniens (voyez *Macédoniens*), jusqu'au temps du partage de la succession d'Alexandre-le-Grand, l'an 3677.

3702. Ligue Achéenne.

3733. Aratus de Sicyone.

3772. Philopœmen.

3787. Bataille des Grecs et des Romains près Cynocéphale.

3838. La Grèce, conquise par les Romains, passe sous leur domination. Le consul romain Mummius détruit Corinthe.

***

ELIS.

2674. Pélops fonde le royaume d'Elis.

2721. Expédition des Argonautes.

2790. Guerre de Troie.

HÉRACLIDES.

2881. Oxylus. Les rois d'Elis, pendant les trois siècles suivans, nous sont inconnus.

3150 (environ). Iphiton.

3208. Commencement des Olympiades.

3250. Démocratie, jusqu'au temps de la conquête de la Grèce par Philippe, roi de Macédoine.

3484. Guerre médique.

3535. Paix avec la Perse.

3553. Guerre du Péloponèse.

3597. Paix d'Antalcidas.

3606. Guerre de Thèbes.

3619. Guerre sacrée.

3626. Bataille de Chéronée ; conquête de toute

la Grèce par Philippe II, roi de Macédoine. Fin du gouvernement d'Elis.
Voyez *Macédoniens et Grecs.*

MYCÈNE.

2672. Persée fonde le royaume de Mycène.
2710 (environ). Stenelus.
2721. Expédition des Argonautes.
2726. Euristhée.
—— Hercule.
2748. Atrée et Thyeste.
2783. Agamemnon.
2790. Guerre de Troie.
2800 (environ). Egisthe.
2808. Oreste réunit Mycène et Argos.
2850 (environ). Tisamène.
—— Penthile et Cométès.

HÉRACLIDES.

2884. Téménus.
2910 (environ). Cisus.
2930 (environ). Lacidamas.
2970 (environ). Melthas.
3010. Gouvernement démocratique, jusqu'au
temps de la bataille de Chéronée, qui
a soumis la Grèce à Philippe II, roi de
Macédoine, l'an 3626.
Voyez *Macédoniens et Grecs.*

MACÉDOINE.

ROIS DESCENDUS DES HÉRACLIDES.

3170. Caranus fonde le royaume de Macédoine.

3271. Perdicas.

3319. Argée.

3351. Philippe I.

3386. Esopus I.

3429. Alcetas.

3457. Amyntas I.

3477. —Tributaire des Perses.

3505. Alexandre I.

3548. Perdicas II.

3571. Archelaüs.

3585. Esopus II.

3590. Amyntas II.

3591. Pausanias.

3592. Amyntas III.

3597. Argée II, tyran.

3599. Amyntas III, rétabli.

3614. Alexandre II.

3615. Ptolémée Alorites.

3619. Perdicas III. (Guerre sacrée.)

—— La Thrace aux Macédoniens.

3624. Philippe II, fils d'Amyntas III.

3626. Bataille de Chéronée, qui soumet toute la Grèce à Philippe II.

3629. Naissance d'Alexandre-le-Grand, fils de Philippe II.

MACÉDONIENS et GRECS.

3648. ALEXANDRE-LE-GRAND.
3650. Bataille sur le Granique.
3651. Bataille d'Issus.
3653. Conquête de l'Egypte; fondation d'Alexandrie.
3653. Bataille d'Arbelles; la Perse, et tous les états qui en dépendent, sont soumis aux Grecs.

SUCCESSEURS D'ALEXANDRE.

3660. Philippe Aridée et Alexandre Egéus.
3677. Partage de la succession d'Alexandre; Cassandre usurpe le gouvernement des Macédoniens et Grecs.

Voyez *Egypte*, deuxième époque; *Cappadoce, Parthes, Syriens, le Pont, Bythinie, Galatie, Pergame, Lacédémone, Argos, Corinthe.*

3680. Antipater et Alexandre.
3690. Démétrius Poliorcète.
3697. Pyrrhus.
3698. Lysimaque.
3702. Arsinoé, veuve de Lysimaque.
——— Séleucus Nicator.
3703. Ptolémée Ceraunus.
——— Méléager.
3704. Antipater.

3704. Sosthène.

3705. (anarchie).

3706. Antigone Gonatas.

—— Ravages des Gaulois.

3742. Démétrius II.

3752. Antigone Doson.

3763. Philippe.

3787. Bataille près Cynocéphale.

3806. Persée.

3816. —Prisonnier des Romains.

3832. Pseudo-Philippe.

3838. Pseudo-Alexandre. La Macédoine et la Grèce conquises par les Romains; la Macédoine devient province romaine.

CULTE DES GRECS ANCIENS.

Les premiers hommes qui ont habité la Grèce ne reconnaissaient point d'autres dieux que le ciel, les astres et les élémens. Le polythéisme qu'ils reçurent ensuite des Egyptiens, et qu'ils agrandirent eux-mêmes, peut se réduire à l'unité d'un seul principe. Jupiter est, selon eux, l'âme du monde, qui prend des noms différens selon les effets qu'il produit; dans les espaces éthérés, on l'appelle Jupiter; dans la mer, Neptune; dans la terre, Pluton; aux enfers, Proserpine; dans l'élément du feu, Vulcain; dans le soleil, Phœbus; dans les devins, Apollon; dans la guerre,

Mars ; dans la vigne , Bacchus ; dans les mois-
sons , Cérès ; dans les bois , Diane ; dans l'air,
Junon ; dans les sciences , Minerve. Toute cette
foule de dieux et de déesses adorés par les Grecs
ne sont que le même Jupiter, dont on exprime
les différentes vertus par des noms différens.

La nation grecque, la plus polie de toutes les
nations idolâtres , était la seule qu'on ne quali-
fiât pas du nom de barbare. Les Grecs avaient
leurs fêtes, leurs mystères, leurs prêtres , leurs
prêtresses, leurs sibylles et leurs prophètes qui
rendaient des oracles ; leurs augures qui devi-
naient les choses futures par le chant et le mou-
vement des oiseaux ; des temples , dont les plus
fameux étaient celui de Jupiter olympien en
Elide , celui d'Apollon à Delphes , à cause des
oracles qu'on y rendait , celui de Minerve à
Athènes , et celui de Diane a Éphèse. Les Grecs
sacrifiaient à leurs dieux des victimes d'animaux,
et l'on voit à regret qu'ils leur offraient aussi
quelquefois des victimes humaines.

GRÈCE.

Depuis la conquête de la Grèce par les Romains jusqu'à la prise de Constantinople par Mahomet II, qui a mis fin à l'Empire d'Orient.

L'an 3838 du monde, toute la Grèce est conquise par les Romains, qui en forment diverses provinces de leur empire. L'an 330 de J.-C., Constantin-le-Grand, empereur de Rome, fixe sa demeure à Bysance ou Constantinople, et prépare ainsi la division de l'empire, qui s'accomplit l'an 395 entre Arcadius et Honorius. Arcadius possède l'empire d'Orient ou grec, composé de la Grèce, de l'Égypte et de toutes les possessions d'Asie ; Honorius possède l'empire d'Occident, composé de l'Italie, de l'Espagne, de la Gaule et de la Bretagne.

Voyez *Empire d'Occident.*

EMPIRE D'ORIENT ou GREC.

395. Arcadius.
408. Théodose II.

450. Pulchérie, impératrice. (Elle épouse
    Marcien.)
457. Léon I, l'Ancien.
474. Léon II. Zénon Izauricus.
491. Anastase I.
518. Justin I, l'Ancien.
527. Justinien I. (Bélisaire.)
534. Conquête de l'Afrique septentrionale sur
    les Vandales. (Narsès.)
552. Conquête de l'Italie.
565. Justin II, Curopalate, le Jeune.
568. Haute Italie reconquise par les Lombards.
578. Tibère II.
582. Maurice.
602. Phocas.
— La Panonie aux Avares.
640. Héraclius.
642. Constant II. Phénicie, Palestine, Syrie,
    Egypte, Chypre, Rhodes aux Arabes.
668. Constantin IV, Pogonat.
680. Mœsie aux Bulgares.
685. Justinien II, Rinotmète.
694. Léonce.
698. Tibère III.
703. Justinien III.
705. Afrique occidentale conquise par les
    Arabes.
711. Phlippique Bardane.
713. Anastase II.

716. Théodose III, l'Adramitain.
— Léon III, l'Isaurien.
741. Constantin V, Copronyme.
750. Perte de l'Exarchat de Ravenne.
775. Léon IV, Chazare.
780. Constantin VI. Irène.
802. Nicéphore.
811. Michel I, Staurace.
813. Léon V, l'Arménien.
— Crète et Sicile aux Arabes.
820. Michel II, le Bègue.
830. Théophile.
842. Michel III, Porphyrogénète.
867. Basile I et Constantin VII.
886. Léon VI, le Philosophe.
911. Alexandre.
912. Constantin VIII, Porphyrogénète, et.....
— Romain I, Lecapène.
959. Romain II, le Jeune.
963. Nicéphore Phocas.
969. Jean I, Zimiscès.
976. Basile II et Constantin IX.
1025. Constantin IX, seul.
1028. Romain III, Argyre.
1034. Michel IV, le Paphlagonien.
1041. Michel V, Calafate.
1042. Zoé et Théodora.
1042. Constantin X, Monomaque.
1054. Théodora, rétablie.

1056. Michel VI, Stratiotique.

1057. Isaac Comnène.

1059. Constantin XI, Ducas.

1067. Romain IV, Diogène.

1071. Michel VII, Ducas Parapinace.

1078. Nicéphore III, Botoniate.

1081. Alexis I, Comnène.

1118. Jean II, Comnène.

1143. Manuel I, Comnène.

1180. Alexis II, Comnène.

1183. Andronic I, Comnène.

1185. Isaac l'Ange.

1195. Alexis III, l'Ange Comnène.

1203. Alexis IV, l'Ange.

1204. Alexis V, Murtzuphle.

1204. Conquête de Constantinople par les Croisés français et vénitiens. L'empire est divisé et forme l'empire latin ou français, dont le siége est à Constantinople, et l'empire grec, dont le siége est transporté à Nicée. La principauté de Trébizonde et l'Archipel passent sous la domination de l'état de Venise.

SUITE DES EMPEREURS GRECS.

(A NICÉE.)

Voyez *Empereurs latins*, ci-après.

1204. Théodore II, Lascaris.

1221. Jean III, Ducas Vatace.

1255. Théodore III, Lascaris, le Jeune.

1259. Jean IV, Lascaris.

1261. Michel VIII, Paléologue, empereur de Nicée, reprend Constantinople.

(A CONSTANTINOPLE.)

1283. Andronic II, Paléologue.

1328. Andronic III, le Jeune, Paléologue.

1332. Nicomédie aux Turcs.

—— Jean V, Paléologue et Cantacuzène.

1355. Jean V, Paléologue, seul.

—— Gallipoli aux Turcs.

1360. Romélie aux Turcs.

1390. Andronic IV, Paléologue.

1390. Servie et Macédoine aux Turcs.

1391. Manuel, Paléologue.

1425. Jean VI, Paléologue.

1448. Constantin XII, Paléologue.

1458. Constantinople et toute la Grèce envahies par les Turcs ottomans, qui y font le siège de leur empire, et mettent fin à l'empire grec.

Voyez *Grèce*, troisième époque.

EMPEREURS LATINS OU FRANÇAIS.

(A CONSTANTINOPLE.)

1204. Baudoin.

1206. Henri.

1216. Pierre.

1221. Robert.

1229. Baudoin II.

1261. L'empire des Latins est reconquis par Michel VIII, Paléologue, empereur de Nicée, qui rétablit le siége de l'empire grec à Constantinople.

CULTE DES GRECS MODERNES.

Dès les premiers temps du Christianisme, l'Évangile est répandu dans la Grèce; mais le culte catholique n'y est autorisé qne l'an 324, époque de la conversion de l'empereur Constantin-le-Grand, qui abolit l'idolàtrie et détruit les temples dans tous les pays de son empire. L'an 857 il s'opère en Grèce un schisme fameux à l'occasion de l'intrusion de Photius, faux patriarche de Constantinople qui, ayant été déposé par un concile et ne pouvant se faire reconnaître par le Pape, se mit à la tête de l'Église grecque. Les schismatiques grecs nient la divinité du Saint-Esprit, et ne reconnaissent point la primauté du Pape, qu'ils ne regardent que comme le patriarche des Latins. Ils ont quatre patriarches, celui de Constantinople, celui d'Alexandrie, celui d'Antioche et celui de Jérusalem.

Les Russes, qui se sont faits chrétiens l'an 988, ont embrassé le schisme des Grecs, qui existait alors depuis 131 ans, et qni dure encore.

GRÈCE.

TROISIÈME ÉPOQUE,
OU GRÈCE MODERNE.

Depuis la prise de Constantinople par Mahomet II jusqu'à nos jours:

1458. Constantinople et toute la Grèce sont envahies par les Turcs ottomans, qui y font le siége de leur empire, et mettent fin à l'empire grec, sous Constantin Paléologue. Voyez *Turcs, en Europe*.

Depuis cette époque, les Grecs sont restés sous la domination des Turcs, mais confondus avec eux sur le même territoire.

1821. Les Grecs se soulèvent contre les Turcs pour recouvrer leur indépendance; ils se réunissent principalement dans la Morée et dans les îles voisines.

1827. Médiation armée de la France, de l'Angleterre et de la Russie, entre les Grecs et les Turcs. Bataille de Navarin.

1828. Guerre des Russes contre les Turcs, pour l'indépendance de la Grèce.

THRACE.

C'est vers l'an 3400 du monde, que de petits états ont commencé à se former dans la Thrace.

3476. Les Thraces sont soumis aux Perses.
3505. Féres délivre les Thraces.
3540 (environ). Sitalres.
3560. Seuthes.
3619. Les Thraces se soumettent aux Macédoniens.

ÉPIRE.

ITALIE.

PREMIÈRE ÉPOQUE.
Jusqu'à la fondation de Rome.

VERS l'an 2300 du monde, les Pélages d'Arcadie passent en Italie, sous la conduite de Peucélius.

2306. Œnotrus.

2454. Les Pélages de Thessalie passent en Italie.

2605. Janus. (Origine du Latium.)

2641. Saturne.

8674. Picus, que l'on croit être le même que Jupiter.

2700. Evandre, d'Arcadie, passe en Italie.

2724. Faunus ou Mercure.

2276. Latinus.

2802. Enée, de Troie.

2807. Ascagne ou Iule.

2846. Sylvius Postbumius.

2874. Enée II, Sylvius.

2905. Latinus Sylvius.

2934. Fondation de Cumes.

2955. Albus Sylvius.

2994. Capetus ou Sylvius Atis.

3020. Capys.

3048. Calpetus,

3061. Tibérinus.

3069. Agrippa.

3110. Alladius.

3130. Aventinus.

3167. Procas.

3188. Numitor.

3189. Amulius usurpe le trône sur Numitor.

3228. Numitor rétabli par Romulus.

3230. Fondation de Rome.

Voyez *Italie*, deuxième époque.

ITALIE.

Jusqu'au temps de la conquéte de Rome par Odoacre , sur Romulus Augustulus.

ÉTRURIE, GRANDE GRÈCE, ROME.

ÉTRURIE.

Les Étrusques, l'un des plus anciens peuples de l'Europe, et qui paraissent être d'origine grecque, habitaient l'Italie long-temps avant la fondation de Rome ; cependant on ne sait que peu de chose de leur histoire. Le seul de leurs rois qui nous soit connu est Porsenna qui, l'an 3475, prit parti pour Tarquin-le-Superbe, chassé du trône de Rome, et déclara la guerre aux Romains, qui venaient de se constituer en république.

3558. Conquête de Fedène par les Romains.

3580. Conquête de Véïes.

3704. L'Etrurie se soumet entièrement aux Romains.

Depuis cette époque l'Etrurie ne forma plus aucun état séparé jusqu'à l'an 1434 de J.-C., qu'elle composa le duché de Toscane. Voyez *Toscane.*

GRANDE GRÈCE.

Les colonies grecques qui, dès l'an 2300 du monde, ont commencé à s'établir en Italie, s'étant plus particulièrement concentrées vers le midi de cette péninsule, qui était plus voisin de la Grèce, cette partie de l'Italie fut appelée grande Grèce ou basse Italie.

3243. Fondation de Rhegium.
3279. Fondation de Tarente.
3283. Fondation de Crotone.
3302. Fondation de Locre.
3450 (environ). Pythagore.
3646. Les peuples du Latium et de la Campanie deviennent Romains.
3716. La grande Grèce ou basse Italie soumise complètement aux Romains.

ROME.

3230. Fondation de Rome par ROMULUS et REMUS.
3269. Interrègne.
3270. Numa Pompilius.
3343. Tullus Hostilius.
3346. Combat des Horaces et des Curiaces.
3345. Ancus Martius.
3370. Tarquin-l'Ancien.

3407. Servius Tullius.

3451. Tarquin-le-Superbe.

3475. —Chassé. Le gouvernement républicain et consulaire est substitué au gouvernement royal. Junius Brutus est le fondateur de la république.

3486. T. Tatius, dictatenr.

3491. Tribuns du peuple.

3493. Coriolan.

3516. Conquête d'Antium.

3533. Decemvirs.

3539. Tribuns militaires, avec puissance consulaire.

3545. Sp. Melius.

3558. Conquête de Fedène.

3574. Questores promiscui.

3580. Conquête de Veïes.

3595. Gaulois. (Manlius.)

3618. Consuls plébéiens.

3622. Mort de Curtius.

3635. Guerre des Samnites.

3646. Latins et Campaniens deviennent Romains.

3663. Fourches Caudines.

3672. Voie Appienne.

3687. Decius Mus.

3701. Soumission de l'Étrurie.

3704. Guerre contre Pyrrhus.

3716. Soumission de la basse Italie.

3720. Première guerre punique (23 ans). Régulus.

3233. Metellus.

3742. Lutatius.

3743. Syracuse conquise.

3747. Soumission des Liguriens.

3753. Soumission de la Sardaigne et de la Corse.

3760. Gaule cisalpine conquise.

3765. Seconde guerre punique (18 ans).

3767. Annibal sur le Tésin, la Trébie, le Thrasimène.

3768. — Près de Cannes.

3770. Première guerre de Macédoine.

3778. Cn. Scipion soumet l'Espagne.

3782. P. Scipion près Zama.

3787. Victoire près Cynocéphale.

3792. Guerre de Syrie (3 ans).

3813. Deuxième guerre de Macédoine (3 ans).

3816. Paul-Emile défait Persée.

3817. Illyrie, province romaine.

3835. Troisième guerre punique.

3836. Troisième guerre de Macédoine.

3838. Conquête de la Grèce, de l'Epire et de la Macédoine. Destruction de Corinthe et de Carthage.

3849. Guerre des esclaves révoltés en Sicile.

3851. Pergame, province romaine.

—— Massacre de Tiberius Gracchus et des trois cents citoyens.

3859. Gaule Narbonnaise conquise.

3870. Guerre contre les Cimbres (13 ans).

3873. Guerre contre Jugurtha (5 ans).

3882. Victoire près d'Aquæ-Sextiæ.

3883. Victoire près Vérone.

3896. Première guerre contre Mithridate (4 ans).

3902. Sylla, dictateur.

3903. Deuxième guerre contre Mithridate. Grèce asiatique conquise.

3904. Guerre contre Sertorius.

3909. Bythinie léguée aux Romains.

3910. Troisième guerre contre Mithridate. (Lucullus.)

3911. Guerre contre Spartacus.

3917. Crète et Cilicie conquises.

3918. La Syrie conquise.

3921. Ciceron, consul. (Catilina.)

3921. Le Pont conquis.

4924. Pompée. Crassus. César.

3929. Guerre contre les Parthes.

3934. Gaule transalpine, province romaine.

3935. César, dictateur perpétuel,

3936. Mort de Pompée.

3938. Numidie, province romaine.

——— Galatie, province romaine.

3940. Mort de César.

3941. Octave. Antoine. Lépide.

3949. Guerre entre Octave et Antoine.

3953. Bataille d'Actium.

3954. Conquête de l'Égypte.

3957. Octave, empereur, surnommé Auguste.

(Mécène, Agrippa, Messala, Corvinus.)

3965. Soumission de l'Espagne.

3969. Conquête de Vendelécie, Noricum, etc.

3972. Conquête de la Panonie.

—— Campagne de Drusus en Germanie.

Ans
de J.-C.

9. Défaite de Varus.

14. Tibère.

17. Victoire de Germanicus.

17. Soumission de la Cappadoce.

31. Chute de Séjan.

37. Caligula.

41. Claude I.

51. Conquête de la Bretagne.

54. Néron.

68. Galba.

69. Othon. Vitellius. Vespasien.

70. Conquête de la Judée.

79. Titus. Éruption du Vésuve.

81. Domitien, le dernier des douze Césars.

84. Soumission de toute la Bretagne.

96. Nerva.

98. Trajan.

117. Adrien. Voyage de dix-sept ans dans toutes les provinces.

138. Antonin-le-Pieux.

161. Marc-Aurèle.

180. Commode.

193. Pertinax. Sulpicien. Julien.

194. Septime-Sévère.

211. Caracalla.

217. Macrin.

218. Héliogabale.

222. Alexandre-Sévère.

235. Maximin.

236. Pupien Maxime et Balbin.

237. Gordien.

244. Philippe.

250. Dèce.

252. Gallus.

253. Emilien. Valérien.

259. Gallien. (Les trente tyrans.)

259. (Odenatus. Zénobie, en Orient.)

268. Claude II.

270. Quintille. Aurélien.

275. Tacite.

276. Florien.

277. Probus.

282. Clarus.

284. Dioclétien et...

285. Maximien, ensemble.

287. Carinus et Numérianus.

304. Galère et Constance-Chlore.

306. Constantin, Licinius, Maxence, etc.

323. Constantin-le-Grand, seul.

330. ——— à Constantinople.

335. Constantin II, Constance et Constant.
350. Magnence.
360. Julien, proclamé à Paris.
363. Jovien.
364. Valentinien et Valens.
375. Gratien et Valentinien II.
379. Théodose-le-Grand.
395. Arcadius et Honorius. Séparation défini-
tive des deux empires.

Arcadius possède l'empire d'Orient, composé de la Grèce, de l'Égypte et de toutes les possessions d'Asie. Voyez *Empire d'Orient.* Honorius possède l'empire d'Occident, composé de l'Italie, de la Gaule, de l'Espagne et de la Bretagne. Voyez *Gaule, Espagne, Bretagne.*

Comme les empereurs d'Occident résidaient à Rome, on va continuer leur chronologie jusqu'à la fin de l'empire.

EMPIRE D'OCCIDENT.

395. Honorius.
423. Jean.
425. Valentinien.
455. Maxime.
456. Avitas.
457. Majorien.
461. Sévère.
466. Ricimer.

467. Authemius.

472. Olybre.

474. Glicerius. Jul. Nephos.

475. Romulus Augustulus.

476. Prise de Rome par Odoacre, roi des Hérules, qui met fin à l'Empire d'Occident, cinq cent sept ans après la bataille d'Actium.

Voyez *Italie*, troisième époque, page 42.

CULTE DES ROMAINS.

Les Romains, qui dépassèrent les Grecs dans la civilisation, en ont d'abord emprunté les dieux, le culte et les cérémonies. Dans la suite, ils adoptèrent tous les dieux des nations étrangères, leur bâtirent des temples, et leur consacrèrent des prêtres. Ils honorèrent particulièrement le Deus-Fidius des Sabins et le Mithras des Perses; mais le sénat s'opposa long-temps à l'introduction des divinités égyptiennes, qui cependant forcèrent tous les obstacles, et s'établirent chez eux. Ils honoraient, sous le nom de dieux indigètes, les héros et les personnes vertueuses. Ils divinisaient les vertus et les vices.

Les Romains tenaient des Grecs leurs pratiques religieuses et leurs institutions sacerdotales. Ils avaient comme eux des prêtres et des prêtresses, sous l'autorité des pontifes, pour la célébration

des mystères, des orgies, des fêtes et des sacrifices de leurs dieux. Ils avaient aussi leurs sibylles, dont les livres, consultés dans les grandes
occasions, rendaient des oracles. Le plus fameux
de leurs temples était celui de Jupiter capitolin,
où étaient renfermés les livres sibyllins, et même,
disait-on, le Palladium de Troie; c'était une
statue de Pallas, que les dieux avaient envoyée
du ciel.

ITALIE.

TROISIÈME ÉPOQUE.

Jusqu'à la fin de l'empire d'Italie fondé par les Francs.

476. de J. C. ODOACRE, roi des Hérules, s'empare de Rome, sous l'empereur Romulus-Augustulus.

448. Les Lombards s'établissent à Noricum. Voyez *Lombards*.

493. Théodoric, roi des Ostrogoths, soumet Rome à son tour, et met fin à l'empire des Hérules. Voyez *Ostrogoths*.

556. Justinien I, empereur d'Orient, soumet les Ostrogoths et s'empare de l'Italie.

568. Les Lombards prennent sur les Grecs une partie de l'Italie; il ne reste plus aux Empereurs que l'Exarchat de Ravenne.

653. Les Lombards s'emparnt de l'Exarchat et possèdent toute l'Italie.

752. Pepin, roi des Francs, ayant repoussé les Lombards, fait don au pape Etienne III de l'Exarchat de Ravenne.

774. Didier, roi des Lombards, vaincu par Charlemagne. Fin de l'empire des Lom-

bards. L'Italie est réunie au royaume des Francs.

827. Les Arabes inondent Naples et la basse Italie.

833. Ils pénètrent en Sardaigne, en Sicile et en Corse.

843. Partage de l'empire des Francs, sous Charles-le-Chauve ; fondation de l'empire d'Italie.

870. Fin de l'empire d'Italie, divisé entre l'Allemagne et la France.

Voyez *Italie* quatrième époque , page 44.

ITALIE.

QUATRIÈME ÉPOQUE.

Qui commence l'an 870 de J.-C., au partage de l'empire d'Italie fondé par les Francs, et finit à nos jours.

Voyez Italie, troisième époque, Papes, Allemagne, Venise, Naples, Sicile, Savoie. Toscane, Sardaigne, République Cisalpine, Royaume d'Etrurie. Royaume d'Italie, Royaume Lombard-Vénitien.

SICILE.

Les Sicules, premiers habitans de la Sicile, commencent à paraître dans l'histoire vers l'an 2850.

3100. Zanche règne en Sicile.

3226 (Messine.)

3252 (Naxos.)

3253. (Syracuse ; Catane.)

3300. (Mégare.)

3309. (Géla.)

3310. (Archias de Corinthe.)

3330. (environ). (Athéniens.)

3380. (environ). (Doriens.)

3408. (Agrigente.)

3452. (Carthaginois.)

3460 (environ). (Ioniens.)

3480 (environ). Gélon.

—— Phalaris.

3505. Hiaron.

3517. Thrasibule.

—— Empédocles.

3568 (environ). Dioclès.

3578. Denys-l'Ancien.

3616. Denys-le-Jeune.

3627. —(Chassé par Dion.

3641. Timoléon.

3667. Agathoclès (roi).

3715. Hiero.

3743. Sicile conquise pas les Romains.

Ans
de J.-C.

395. Partage de l'empire romain ; la Sicile entre dans la composition de l'empire d'Occident. Voyez *Empire d'Occident,* page 39.

450. La Sicile est conquise par les Vandales, qui l'occupent jusqu'à l'an 535.

535. —Conquise par les Ostrogoths.

563. —Conquise par Justinien, empereur d'Orient ; elle entre dans la composition de l'Exarchat de Ravenne.

572. L'Exarchat est donné au pape Etienne III. La Sicile reste encore à l'empire d'Orient.

833. Invasion des Arabes.

1080. La Sicile, conquise par les Normands, déjà maîtres de Naples, est gouvernée par Roger, qui prend le titre de comte de Sicile.

1102. Roger II.

1127. La Sicile réunie à Naples.

1129. Guillaume II, duc de Naples, prend le titre de roi de Sicile.

1154. Guillaume I, le Mauvais.

1166. Guillaume II, le Bon.

1189. Tancrède.

1194. Guillaume III.

1194. Henri (VI, empereur d'Allemagne).

1197. Frédéric (II).

1250. Conrad (IV).

1254. Mainfroy.

1266. Charles d'Anjou.

1282. Séparation de Naples. Pierre d'Arragon.

1285. Jacques.

1296. Frédéric (II.)

1337. Pierre (II).

1342. Louis.

1335. Frédéric (III).

1377. Marie.

1402. Martin-le-Jeune.

1409. Martin-l'Aîné.

1412. Conquise par Ferdinand I, roi d'Arragon. Voyez *Arragon*.

1713. Après la guerre de la succession d'Espagne, la Sicile est donnée à Victor-Amédée II.

1720. Réunie au royaume de Naples. Voyez *Naples*.

Pour la Sicile ancienne, voyez *Culte des Grecs* et *Culte des Romains*. Aujourd'hui les habitans de la Sicile sont chrétiens du culte catholique.

CELTES ou GAULOIS.

Vers l'an 3400, Ambigat, prince très-puissant, règne sur toute la Gaule, dont les ports font un grand commerce avec les peuples des côtes de la Méditerranée. A cette époque, plusieurs productions de la Gaule, la laine des Berruyers, la santonique des Santons, etc., étaient très-vantées en Orient, et les armes des Romains étaient achetées des Gaulois.

Vers ce même temps, Bellovèse et Sigovèse neveux d'Ambigat, sortent de la Gaule avec une colonie de Bituriges, d'Auvergnats, de Berruyers, d'Autunois, de Sénonais, de Chartrains et d'autres peuples gaulois. Bellovèse passe les Alpes, fonde la Gaule cisalpine et s'arrête en Lombardie; Sigovèse passe le Rhin, traverse la forêt Hercinie, et établit une partie de ses troupes en Illyrie, une autre en Bohême, et la troisième, d'où sont sortis les Francs, dans la Frise et la Westphalie.

Peu de temps après, Marseille est fondée par une colonie de Phocéens.

3595. Les Gaulois, sous la conduite de Brennus, s'emparent de Rome ; ils sont repoussés par Camille.

3705. Les Gaulois ravagent la Macédoine, fondent un royaume en Thrace et s'établissent en Asie, où ils sont accueillis par Nicomède, roi des Galates.

3747. La Gaule cisalpine est soumise aux Romains.

3868. Une partie de la Gaule transalpine (la Provence, *Provincia*) est soumise aux Romains. Fondation d'Aix et de Narbonne.

3934. Les Gaules soumises par César, après huit ans de combats.

C'est à cette époque, et pendant les deux siècles qui suivent, que les Romains édifient dans les Gaules ces monumens, dont les ruines sont encore l'objet de l'admiration des hommes. Alors les Gaules, sous la domination des Romains, sont administrées par des gouverneurs; et les Francs, qui viennent s'y établir ensuite, paient des tributs aux empereurs de Rome jusqu'au temps de Clovis, qui affranchit toute la Gaule transalpine.

L'an 240 de J.-C., les Francs s'établissent dans la Gaule.

Voyez *Francs* ou *Français*, page 52.

CULTE DES CELTES.

Les Celtes se disaient descendus de Pluton; c'est pour cela qu'ils comptaient les espaces du temps, non par les jours, mais par les nuits. Leur culte était très-superstitieux; ils adoraient les mêmes dieux que les Romains, quoique sous des noms différens; car Mercure était leur Theutatès, Mars était Héus ou Hésus, et Jupiter, Taramis. Ils appelaient Hercule, Ogmius; Apollon, Belenus ou Abellio, et Pluton, Sérapion. Ils attribuaient à Mercure l'invention des arts, à Apollon la guérison des maladies, à Jupiter le gouvernement des cieux, et à Mars celui de la guerre. Ils honoraient Hercule, qui les avait policés. Ils craignaient Saturne et lui immolaient des victimes humaines, ainsi qu'à Mercure, qu'ils représentaient souvent sans sexe. Ils avaient emprunté des Romains le culte de beaucoup d'autres dieux, même celui du Mithras des Perses, et celui d'Isis, divinité des Égyptiens, qui avait un temple à Paris. La déesse Néhallennie, et autres divinités, ne sont connues que de nom.

Il y avait chez les Celtes trois sortes de gens fort considérés : les Bardes, qui étaient poètes et chanteurs, les Vates, qui sacrifiaient et étudiaient les choses naturelles, et les Druides, qui avaient l'administration des choses divines. Les Druides avaient un chef élu par les armes, et qui avait toute autorité sur les peuples. Ils s'assemblaient dans un bois sacré, au pays des Carnutes, dans le milieu de la Gaule, et là, on leur déférait le jugement de toutes les affaires pu-

bliques et particulières ; ils exerçaient la divi-
nation par l'inspection des victimes humaines ;
ils croyaient que les âmes et le monde sont in-
corruptibles , qu'après la mort les âmes passent
dans d'autres corps humains, et qu'il y aura un
temps où l'eau et le feu prédomineront.

FRANCS ou FRANÇAIS.

Voyez *Gaulois*, page 48.

240 de J.-C. Les Francs, sortis de la Frise et de la Westphalie, s'établissent sur le bas Rhin et pénètrent dans la Gaule.

241. Les Francs vaincus par Aurélien, près de Mayence.

264. Les Francs fondent sur l'Italie et sur l'Espagne.

277. Les Francs se révoltent contre l'empereur Probus ; ils pénètrent en Grèce, en Sicile et en Afrique.

288. Athec et Gennobaude, rois des Francs, font la paix avec l'empereur Maximien.

306. Ascaric et Ragaise, rois des Francs, sont vaincus par Constantin, et livrés aux bêtes dans l'amphithéâtre de Trèves.

355. Les Francs détruisent Cologne et pillent quarante villes du Rhin.

356. Paix avec les Romains.

357. Julien à Lutèce : première mention de cette ville dans l'histoire.

388. Les Romains battus par Gennobaude, Marcomer et Sunnon, rois des Francs.

395. Les Romains font la paix avec les Sicambres et autres Francs.

397. Marcomer livré aux Romains par trahison.

414. Les Alains, les Suéves et les Vandales envahissent la Gaule.

419. Les Visigoths et les Bourguignons s'établissent dans la Gaule.

419. Les Francs, divisés en différens peuples, se réunissent pour ne former qu'une nation, sous un même chef; ils nomment roi THÉODOMIR, fils de Ricimer, consul romain. Ce roi est peu connu. Il est tué vers l'an 420, avec sa mère Aschila.

420. PHARAMOND succède à Théodomir. Domination des Francs dans la Gaule; la puissance des Romains s'y affaiblit. Publication de la loi salique, qui exclut les femmes du trône.

428. CLODION. Guerre avec les Romains : succès variés.

PREMIÈRE DYNASTIE.

MÉROVINGIENS.

451. MÉROVÉE, chef de la première dynastie. Défaite d'Attila, roi des Huns, dans les plaines de Châlons-sur-Marne. On rapporte qu'Attila perdit deux cent mille hommes dans la bataille.

458. CHILDÉRIC I.—Chassé du trône.— 460. Il

recouvre sa couronne. — Prise d'Angers
et autres villes, par les Francs.

484. Clovis I, premier roi chrétien. Il gagne
plusieurs batailles contre les barbares
qui infestaient la Gaule, les chasse
entièrement, et met fin à la domination
romaine. On le regarde comme le héros de la première dynastie.

611. Childebert I, roi de Paris (le royaume
était divisé entre les quatre fils de
Clovis). — 531. Destruction du royaume
des Thuringiens. — 534. Défaite des
Bourguignons, des Visigoths et des Bavarois. — Guerre avec les Anglo-Saxons.

560. Clotaire I. Il fait périr toute sa famille.

562. Caribert. Nouvelle division du royaume.

566. Chilpéric I, surnommé le Néron. Guerre
civile entre Chilpéric et ses deux frères,
rois d'Austrasie et de Bourgogne. —
Frédégonde fait mourir les enfans du
roi, dont elle devient l'épouse, puis
fait assassiner le roi lui-même.

584. Clotaire II. Régence de Frédégonde.
Continuation de la guerre civile.

628. Dagobert I. Victoires sur les Bretons et
les Gascons. — Les maires du palais
commencent à prendre de l'autorité.

638. Clovis II. C'est le premier des rois fai-
néans. Gouvernement de Pepin, maire

du palais.—640. Grimoald succède à
Pepin.

656. CLOTAIRE III. Régence de Batilde, reine-
mère.—660. Ebrouin, maire du palais,
succède à Batilde dans la régence.

670. CHILDÉRIC II. Ebrouin est chassé, puis
rétabli. Le roi est assassiné par un sei-
gneur qu'il avait maltraité.

673. THIERRI I. Factions d'Ebrouin et de Léger,
évêque d'Autun; les troubles finissent
par l'assassinat d'Ebrouin.—687. Pepin
d'Heristal, maire du palais, prend le
titre de duc et prince des Francs.

691. CLOVIS III. Pepin d'Héristal soumet les
Suèves et les Saxons.

695. CHILDEBERT II. Pepin d'Héristal s'associe
Charles-Martel, son fils.

711. DAGOBERT II.—714. Mort de Pepin.—
Charles-Martel, arrêté, s'échappe de
sa prison, et est fait duc d'Austrasie.

716. CLOTAIRE IV, placé sur le trône par Charles-
Martel, au préjudice de Chilpéric II,
héritier légitime. Charles-Martel reprend le gouvernement.

717. CHILPÉRIC II, replacé sur le trône par
Charles-Martel, à la mort de Clotaire IV.

721. THIERRI II.—731. Victoire de Charles-
Martel sur le duc d'Aquitaine —732.

Victoire sur les Sarrasins entre Tours et Poitiers. Soumission des Frisons.

736. INTERRÈGNE. Gouvernement de Charles-Martel, qui meurt cinq ans après.

741. CHILDÉRIC III, l'Insensé.—751. Pepin-le-Bref, successeur de Charles-Martel, son père, fait déclarer par le pape Zacharie que Childéric est incapable de régner, et le renferme dans un cloître.

DEUXIÈME DYNASTIE.

CARLOVINGIENS.

754. PEPIN-LE-BREF, roi, commence la dynastie des Carlovingiens. Origine du sacre des rois de France. — 753. Défaite des Saxons et des Bavarois.—755. Défaite des Lombards.—757. Victoire sur le duc d'Aquitaine.

768. CHARLES I, le Grand, ou CHARLEMAGNE, fils de Pepin-le-Bref; c'est l'un des plus grands génies et l'un des plus grands rois du monde.—774. Destruction de l'empire des Lombards en Italie.—Destruction de l'empire des Avares en Panonie (la Hongrie).—778. Conquête de l'Espagne jusqu'à l'Ebre.—784. Défaite et dispersion des Saxons.—787. Conquête de la Bavière et de presque

toute la Germanie.—800. Charlemagne renouvelle l'empire d'Occident, et se fait couronner empereur à Rome, par le pape Léon III.

EMPIRE D'OCCIDENT.

800. CHARLEMAGNE.

814. Louis I, le Débonnaire, fils de Charlemagne. Guerre civile entre le roi et ses fils. Le roi est vaincu et renfermé, puis rétabli sur le trône.

840. CHARLES-LE-CHAUVE. Divisions entre les fils de Louis.—845. Les Normands, peuple du Nord, brûlent Paris; Charles leur cède la province de Neustrie (Normandie). Il meurt empoisonné.

877. Louis II, le Bègue. Origine de la féodalité héréditaire. Démembrement de l'empire de Charlemagne, son bisaïeul. L'Italie devient un empire séparé; la Germanie reçoit le nom d'empire d'Allemagne; Louis ne conserve que la Gaule, exclusivement appelée depuis ce temps royaume de France, et les Francs prennent le nom de François ou Français.

ROYAUME DE FRANCE.

Louis II.

879. Louis III et CARLOMAN, fils de Louis II,

règnent ensemble.—880. Victoires sur les Normands. Ces deux rois meurent à peu près à la même époque, en 884.

884. INTERRÈGNE d'un an; minorité de Charles-le-Simple.

885. CHARLES-LE-GROS, roi de Lombardie, oncle et tuteur de Charles-le-Simple, s'empare du trône (*Il n'y a point d'ordre numérique parmi les rois du nom de Charles*). —885. Siége de Paris par les Normands.

888 EUDES, autre tuteur de Charles-le-Simple, se fait couronner.—892. Les Normands sont vaincus et repoussés.—896. Sédition en faveur de Charles-le-Simple. Eudes et Charles se partagent le royaume.

898. CHARLES III, le Simple, règne seul après la mort de Eudes.—912. Les Normands s'établissent à Rouen. Charles traite avec Rollon leur chef, à qui il donne sa fille en mariage.—922. Charles est détrôné; Robert, frère de Eudes, est proclamé roi. Guerre civile entre Charles et Robert. Ce dernier est tué, et Charles meurt enfermé dans un château à Péronne.

923. RAOUL, duc de Bourgogne, gendre de Robert, se fait roi au préjudice de Louis IV, fils de Charles-le-Simple.—

924. Victoire complète sur les Normands.

936. Louis IV, d'Outre-mer, revient d'Angleterre à la mort de Raoul, et se fait couronner.—944. Conquête de la Normandie par Louis d'Outre-mer et Hugues-le-Grand, son ministre.—945. Différend entre Louis et Hugues ; Louis perd la Normandie.

954. Lothaire, fils de Louis IV. Gouvernement de Hugues-Capet, fils de Hugues-le-Grand.—978. Guerre contre l'empereur Othon II, dont l'armée est taillée en pièces sous les murs de Paris.—986. Le roi meurt empoisonné.

886. Louis V, le Fainéant, le dernier roi de la dynastie des Carlovingiens, règne un an et meurt empoisonné.

TROISIÈME DYNASTIE.

CAPÉTIENS.

987. Hugues-Capet, duc de France, fils de Hugues-le-Grand, et petit-neveu du comte Eudes, qui fut roi, se fait couronner et sacrer à la mort de Louis V, qui ne laisse point de postérité.—988. Hugues fait couronner son fils Robert.

—989. Charles de Lorraine, oncle de Louis V, dispute la couronne à Hugues-Capet, par lequel il est vaincu ; il meurt dans la captivité.

996. ROBERT-LE-PIEUX.—997. Excommunié pour avoir épousé sa parente au quatrième degré.—1000. Relevé de l'excommunication.—Révolte et soumission de ses fils.—Pélérinage de Robert à Rome.—Longue paix.

1031. HENRI I.—Guerre civile contre Robert son frère.—1035. Fin de la guerre civile.—Révolte de Eudes, autre frère de Henri. Guerre contre les Normands.—1041. Trève de Dieu.—1050. Concile tenu à Reims, par le pape Léon IX.

1060. PHILIPPE I. Régence de Baudouin, comte de Flandre.—Guerre contre les Gascons révoltés.—1066. Guillaume-le-Conquérant, duc de Normandie, fait la conquête de l'Angleterre, avec l'assistance de Baudouin.—1087. Guerre entre Guillaume, devenu roi d'Angleterre, et le roi de France.—1087. Philippe répudie Berthe et épouse Bertrade, femme du comte d'Anjou. Il est excommunié par Urbain II.—1096. Première croisade ; conquête de Jérusalem.

1108. LOUIS VI, le Gros.—1112. Guerre contre

ses vassaux. Affranchissement des communes.—1113. Guerre avec l'Angleterre.—1114. Traité avec l'Angleterre.—
1119. Nouvelle guerre avec l'Angleterre.

1137. Louis VII, le Jeune.—1142. Guerre contre
le comte de Champagne ; Louis met le
feu à une église où treize cents personnes sont brûlées.—1147. Deuxième
croisade. Le roi va en Palestine. Régence de l'abbé Suger.—1150. Le roi
retourne en France après avoir perdu
une armée de deux cent mille hommes.
—1156. Guerre contre l'Angleterre.

1180. Philippe II, Auguste, ou le Conquérant.—
Les Juifs chassés du royaume.—1186.
Descente en Angleterre.—1187. Troisième croisade; prise de St-Jean d'Acre.
—1192. Conquête de la Normandie, du
Maine, de l'Anjou et du Poitou.—1200.
Origine des universités.—1202. Nouvelle guerre avec l'Angleterre.—1204.
Quatrième croisade ; les Croisés fondent l'empire des Latins.—1211. Croisade contre les Albigeois.—1214. Bataille de Bouvines, gagnée par Philippe
sur le comte de Flandre et l'empereur
Othon.

1223. Louis VIII, le Lion.—1224. Guerre avec
l'Angleterre.—1225. Nouvelle expédi-

tion contre les Albigeois.—Propagation
des ordres religieux.—Chevalerie floris-
sante.

1226. Louis (Saint) IX. Régence de la reine
Blanche.—1228. Cinquième croisade.
—1242. Batailles de Taillebourg et de
Saintes gagnées par St.-Louis sur les
Anglais.—1248. Sixième croisade : prise
de Damiette ; St.-Louis prisonnier des
Infidèles.—1270. Septième et dernière
croisade : St.-Louis meurt de la peste
à Tunis.

1270. Philippe III, le Hardi.—1271. Trève de
dix ans avec le roi de Tunis.—1282.
Massacre des Français en Sicile, appelé Vêpres siciliennes.—1285. Guerre
contre l'Espagne, incendie d'Elice et
Gironne ; Philippe III meurt à Per-
pignan.

1285. Philippe IV, le Bel, roi de France et de
Navarre.—États - généraux ; parlemens
sédentaires.—1296. Bataille de Furnes,
gagnée sur les Anglais.—1302. Bataille
de Courtray, perdue contre les Allemands.—1303. Admission du tiers-état
aux états-généraux.—1304. Bataille de
Mons-en-Puelle, gagnée sur les Flamands.—1310. Abolition des Templiers.

1314. Louis X, le Hutin.—1315. Affranchissement des serfs de la couronne.—Exécution d'Enguerrand de Marigny, surin-
tendant des finances.

1316. INTERRÈGNE de cinq mois.

1316. JEAN I, règne quatre jours.

13 16. PHILIPPE V, le Long.—1320. Persécution
des Juifs.

1322. CHARLES IV, le Bel.—1324. Guerre avec
l'Angleterre, au sujet de la Guienne.

PREMIER AVÉNEMENT

de la

MAISON DE VALOIS.

1328. PHILIPPE VI.—1339. Guerre avec l'Angleterre.—1340. Bataille navale de l'É-
cluse, perdue par les Français.—1346.
Bataille de Crécy, perdue par les Français.—1346. Siége de Calais par les
Anglais.—1348. La peste en France.

1350. JEAN II, le Bon.—Exécution du comte
d'Eu.—1356. Bataille de Poitiers perdue par les Français, contre les Anglais ; Jean est fait prisonnier ; régence
du Dauphin.—1358. Révolte dite de la
Jacquerie.—1360. Paix de Brétigny
avec les Anglais.

1364. CHARLES V, le Sage.—Bataille de Cocherel,

gagnée par Duguesclin sur le roi de Navarre.—1366. Guerre avec l'Espagne. —1369. Guerre avec l'Angleterre.— 1372. Les Anglais chassés de La Rochelle.—1573. Révolte de la Bretagne. —1375. Trève avec l'Angleterre.— 1377. A la mort d'Edouard III, Charles fait une descente en Angleterre , pendant que les Anglais ravagent la France.

1380. CHARLES VI, l'Imbécile.—1382. Bataille de Rosbecq, gagnée sur les Flamands.— 1392. Démence du roi; guerre entre les ducs d'Orléans et de Bourgogne, pour la régence.—1407. Le duc d'Orléans est assassiné.—1415. Bataille d'Azincourt perdue contre les Anglais. Henri V, roi d'Angleterre , proclamé roi de France. —1419. Continuation de la guerre civile ; assassinat du duc de Bourgogne. Régence du roi d'Angleterre.

1422. CHARLES VII, le Conquérant. Bataille de Verneuil.—1428. Siége d'Orléans par les Anglais.—1430. Jeanne-d'Arc fait lever le siége d'Orléans.—1431. Jeanne-d'Arc brûlée par les Anglais. Continuation de la guerre contre les Anglais, qui sont chassés de France, en 1453.

1461. Louis XI, le Dissimulé.—1465. Ligue du bien 'public.—1468. Le roi prisonnier du duc de Bourgogne.—1472. Le duc de Guienne meurt empoisonné ; le roi, son frère, est accusé de ce crime; nouvelle guerre civile à ce sujet, entre le roi et le duc de Bourgogne.

1483. Charles VIII, l'Affable. Régence d'Anne de France, sœur du roi.—1487. Guerre civile—1494. Expéditon du roi en Italie.—1495. Il est couronné roi de Naples.—1496. Perte du royaume de Naples.

—————

AVÈNEMENT

de la

MAISON D'ORLÉANS.

1498. Louis XII, le Père du peuple.—1499. Bretagne réunie à la France.—Conquête et perte du Milanais.—1501. Conquête du royaume de Naples, repris par les Espagnols.—1503. Passage de Garillan: illustration de Bayard.— 1509. Ligue de Cambrai contre les Vénitiens.— 1513. Guerre avec l'Angleterre.—1514. Paix avec l'Angleterre.

DEUXIÈME AVÉNEMENT

.de la

MAISON DE VALOIS.

1515. François I, le Père des lettres.—Bataille de Marignan gagnée sur les Suisses.—1525. Le roi, prisonnier de Charles-Quint, à la bataille de Pavie.—1526. Traité de Madrid ; le roi recouvre sa liberté.—1542. Charles-Quint est battu à Cerizoles par François I.

1547. Henri II, fils de François I.—1551. Guerre contre l'Allemagne et l'Italie. —1552. Charles-Quint contraint de lever le siége de Metz et de se retirer. 1554.—Combat de Renti, gagné par Henri II.—1557. Défaite du roi à St.-Quentin.—1558. Reprise de Calais sur les Anglais.—1559. Paix de Cateau-Cambresis.

1559. François II, premier fils d'Henri II. Il avait épousé, n'étant que dauphin, Marie-Stuart, reine d'Écosse.—1560. Conjuration d'Amboise, dirigée par le prince de Condé.

1560. Charles IX, deuxième fils d'Henri II. Régence de Catherine de Médicis, mère du roi.—1562. Première guerre civile

de religion. Bataille de Dreux.—Le roi
de Navarre tué au siége de Rouen, par les
catholiques.—1567. Deuxième guerre
civile ; siége de Paris ; bataille de St.-
Denis.—1568. Paix avec les calvinistes.
—1569. Troisième guerre civile ; bataille de Jarnac ; bataille de Moncon-
tour.—1570. Nouvelle paix.—1572. Massacres de la Saint-Barthélemi.

1574. Henri III, troisième fils de Henri II. Régence de Catherine de Médicis. Henri
quitte la Pologne, dont il avait été élu
roi, en 1573.—1576. Guerre civile de
la Ligue.—1586. Guerre dite des trois
Henri.—1587. Bataille de Coutras.—
1588. Faction des Seize ; journée des
barricades.—Assassinat du cardinal de
Guise et du duc de Guise, chef de la
Ligue.—1589. Mort de Catherine de Médicis. Révolte générale contre le roi ; il
est assassiné par Jacques Clément.

AVÈNEMENT

de la

MAISON DE BOURBON.

1589. Henri IV, le Grand.—Bataille d'Arques.
—1590. Bataille d'Ivry.— Blocus de

Paris.—1593. Abjuration du roi.—1594.
Entrée du roi à Paris. Ministère de Sully.
—1596. Guerre contre l'Espagne et le
duc de Mayenne.—1598. Paix de Ver-
vins.—Édit de Nantes, en faveur des
calvinistes.—1600. Guerre contre le duc
de Savoie.—1604. Conjuration d'En-
tragues.—1610. Le roi meurt, assassiné
par Ravaillac.

1610. Louis XIII, le Juste, fils d'Henri IV. Régence de Marie de Médicis.—1614.
Guerre civile des mécontens.—1617.
Assassinat du maréchal d'Ancre ; sa
femme brûlée comme sorcière.—1620.
Guerre civile contre les calvinistes.—
1627. Nouvelle guerre civile ; siége de
La Rochelle.—1628. Ministère de Richelieu. Prise de La Rochelle.—1629.
Guerre d'Italie.—1630. Combat de Veil-
lane en Savoie.—Bataille de Lutzen, où
Gustave-Adolphe, roi de Suède, est tué.
—1635. Guerre avec l'Espagne et l'Allemagne.—Bataille d'Avein.—1636. Combat du Tésin.—Invasion de la France.
—1638. Bataille de Rhinfeld.—1640.
Prise de Turin par les Français.—1641.
Fin de la guerre.—1642. Supplice de
Cinq-Mars et de Thou, qui avaient
conspiré contre Richelieu.

1643. Louis XIV, le Grand, fils de Louis XIII.
Régence d'Anne d'Autriche, mère du
roi. Ministère de Mazarin.—Bataille de
Rocroy, gagnée par Condé sur les Espagnols.—1644. Bataille de Fribourg,
gagnée sur les Impériaux.—1645. Bataille de Nortlingue, gagnée par Condé
et Turenne sur les Bavarois.—1648.
Bataille de Sens, gagnée sur les Espagnols.—Traité de Westphalie.—Guerre
civile de la Fronde : Turenne, à la tête
des royalistes, est vaincu, à la porte
St.-Antoine, par Condé, chef des re-
belles.—1651. Majorité de Louis XIV.
—1652. Massacres de l'Hôtel-de-ville.
—1658. Bataille des Dunes, gagnée par
Turenne sur Condé et les Espagnols.
—Succès en Italie.—1660. Paix des Py-
rénées; mariage du roi avec l'infante
Marie-Thérèse.—1661. Mort de Mazarin; gouvernement du roi. Ministère de
Colbert.—1667. Guerre avec l'Espagne;
conquête de la Flandre et de la Fran-
che-Comté.—1612. Guerre en Hollande
contre la triple alliance ; passage du
Rhin; conquête de la Hollande.—1677.
Bataille de Cassel, gagnée sur le prince
d'Orange. — 1678. Paix générale. —
1685. Révocation de l'édit de Nantes;

persécution des calvinistes.—1887. Ligue d'Augsbourg.—Bataille de Fleurus.
—Bataille de Steinkerque.— Bataille
de Nerwinde.—Bataille de Marsaille.
—1697. Autre paix générale.—1700.
Guerre pour la succession d'Espagne.
—1712. Bataille de Denaïn, gagnée
par Villars.—1713. Traité d'Utrecht,
qui termine la guerre avec l'Espagne,
la Savoie, le Portugal, la Prusse, la
Hollande et l'Angleterre ; continuation de la guerre avec l'Autriche.—
1714. Paix de Rastadt avec l'Empire.

1715. Louis XV, petit-fils de Louis XIV. Régence du duc d'Orléans.—Système fi-
nancier de Law.—Exil du Parlement.
—Peste de Marseille.—1717. Triple alliance contre l'Espagne.—1720. Chute
du système de Law.—1723. Majorité
du roi. Ministère du cardinal de Fleury.
—1733. Guerre contre l'empereur
Charles VI.—Prise de Milan.—1735.
Traité de Vienne; acquisition de la
Lorraine.—1745. Bataille de Fontenoy,
gagnée sur les Anglais, les Autrichiens
et les Hollandais.—1756. Guerre avec
l'Angleterre.—1756. Guerre de sept ans
en Prusse.—Les Français s'emparent de
Port-Mahon.—L'escadre anglaise bat-

tue par La Galissonière.—1757. Paix
avec l'Allemagne.—1759. Perte de Qué-
bec.—1760. Perte des possessions de
l'Inde et du Sénégal.—1762. Perte de
la Martinique et autres îles.—1763.
Perte du Canada et du Cap. Breton.—
Paix générale.—1766. Lorraine réunie à
la France.—1768. Réunion de la Corse
à la France.—1769. Naissance de Bonaparte en cette île.—1770. Bombar-
dement de Tunis.

1774. Louis XVI, petit-fils de Louis XV.—
1778. Traité d'alliance avec les États-
Unis. Guerre maritime avec l'Angleterre.—1783. Traité de Versailles avec
les États-Unis, l'Angleterre et l'Espagne.—1787. Déficit dans les finances.
—1788. Assemblé des notables.—1789.
États-généraux.—Assemblée nationale.
—Règne de l'égalité.—Prise de la Bas-
tille.—Assignats.—1790. Division de la
France en quatre-vingt-trois départe-
mens.—Fédération.—1791. Fuite et ar-
restation du roi.—Assemblée consti-
tuante.—Première coalition contre la
France. — Insurrection de Saint - Do-
mingue.—1792. Le roi détenu au Temple. Massacres dans Paris.—Convention.—Constitution.

1792. Répusuqus. Bataille de Jemmapes. Conquête de la Belgique.—1793. Condamnation et mort du roi.

1793. Continuation de la République; Louis XVII, fils de Louis XVI, ne peut régner, étant détenu par la Convention. Régime de la terreur; tribunal révolutionnaire; guillotines permanentes.—Insurrection de la Vendée.—Condamnation de la Reine et de sasœur.—Exécution de Robespierre.—1794. Bataille de Fleurus; reprise de la Belgique par les Français.—1795. Pichegru se rend maître d'Amsterdam et de la Hollande, en faisant passer son armée sur les glaces.—Paix avec l'Espagne, la Prusse et la Hollande.—Mort de Louis XVII.—Constitution de l'an III.—Directoire.—1796. Invasion de l'Allemagne et de l'Italie; batailles de Montenotte, Castiglione, Lodi, Arcole, Rivoli.—1797. Paix avec le Pape.—Révolution du 18 fructidor. —Paix de Campo-Formio.—1798. Congrès de Rastadt.—Campagne d'Égypte; batailles d'Aboukir, des Pyramides; prise du Caire et de la Basse-Égypte. —1799. Deuxième coalition contre la France.—Le Directoire est remplacé par le Consulat; Bonaparte est premier

l'Italie ; passage du Saint-Bernard ; bataille de Marengo.—Machine infernale.
—Guerre de l'Angleterre contre la France.—1801. Paix de Lunéville. Concordat.—1802. Paix d'Amiens.—Bonaparte consul à vie et président de la république cisalpine.—Expédition de St.-Domingue.—1803. La France cède la Louisiane aux États-Unis.—Guerre avec l'Angleterre ; les Français envahissent le Hanovre.—1804. Conspiration contre Bonaparte.—Exécution du duc d'Enghien.—Exil de Moreau.—1804. Napoléon Bonaparte, empereur.—Code civil.—Ordre de la Légion-d'Honneur. —Protestation de Louis XVIII.—1805. Napoléon roi d'Italie.—Troisième coalition contre la France. Défaite de Trafalgar. Bataille d'Austerlitz , dite des trois empereurs. Entrée des Français à Munich et à Vienne. Paix de Presbourg. — 1806. Fin de la république.—Quatrième coalition. Bataille d'Iéna. Entrée des Français à Berlin et à Varsovie.—1807. Batailles d'Eylau et de Friedland. Paix de Tilsit. —1808. Le roi d'Espagne prisonnier de Napoléon. Guerre avec l'Espagne et le Portugal. Entrée des

5

Français à Lisbonne. Entrée des Français à Rome. Entrée des Français à Madrid.—1809. Italie réunie à la France.—Guerre avec l'Autriche. Batailles d'Esling et d'Eckmulk. Entrée des Français à Vienne. Bataille de Wagram. Paix avec l'Autriche.—Napoléon répudie Joséphine.—1810. Il épouse Marie-Louise.—Le Pape prisonnier de Napoléon.—Perte de la Guadeloupe. —Réunion des états du Pape à la France. —1811. Naissance du prince impérial, qui reçoit le titre de roi de Rome.—La Hollande et le Valais réunis à la France. —1812. Traité entre la France et la Prusse.—Guerre avec la Russie. Batailles de Vilna, Smolensk, Mojaisk, Moskova. Entrée des Français à Moscou. —Rentrée des Français à Madrid.— 1813. Guerre avec la Prusse. Batailles de Lutzen et Bautzen.—Guerre avec l'Autriche. Bataille de Leipsick. — 1814. Batailles de Brienne, Champ-Aubert, Montmirail, Nangis, Montereau. Capitulation de Paris. Abdication de Napoléon, qui se retire à l'île d'Elbe. Gouvernement provisoire.

1814. Louis XVIII, petit fils de Louis XV, fait son entrée à Paris. Paix générale. Charte constitutionnelle. La France restitue les pays conquis.—Congrès de Vienne.

1815. RETOUR DE NAPOLÉON. Cinquième coalition de l'Europe contre la France. Batailles de Fleurus, Ligny, Waterloo. Les alliés envahissent de nouveau la France. Seconde abdication de Napoléon, qui est rélégué dans l'île Sainte-Hélène.

1815. RENTRÉE DU ROI A PARIS. Traité de Paris. Les étrangers occupent la France, imposée envers eux à 700 millions.—Sainte-Alliance. — 1817. Concordat. — 1818. Congrès d'Aix-la-Chapelle.—1820. Assassinat du duc de Berry.—1821. Mort de Napoléon.—1822. Congrès de Vérone.—1823. Intervention armée des Français dans la révolution d'Espagne. Entrée des Français à Madrid. Reddition de Cadix.—1824. Mort du roi.

1824. Charles X, petit-fils de Louis XV.—1825. Émancipation de St-Domingue.—1827. Médiation armée de la France, de la Russie et de l'Angleterre, entre les Grecs et les Turcs. Bataille de Navarin. 1828. Expédition en Morée.

ESPAGNE.

L'an 3778 du monde, 206 ans avant J-C., Cn. Scipion fait la conquête de l'Espagne, qui devient l'une des provinces de l'empire romain. Le culte des anciens peuples de l'Espagne était le même que celui des Gaulois ou Celtes, ce qui fait supposer qu'ils étaient Celtes d'origine.

L'an 409 de J-C. les Vandales, les Alains et les Suèves, venus du nord de la Germanie, après avoir ravagé l'Italie et la Gaule, passent en Espagne. Les Suèves y fondent une monarchie et les Vandales se retirent en Afrique, l'an 429.

Voyez *Vandales*, *Alains* et *Suèves*.

L'an 470, les Visigoths, autre peuple du nord de la Germanie, après avoir fondé, dans la Gaule, une monarchie, vers l'an 400 (voyez *Visigoths*), pénètrent en Espagne, y fondent une nouvelle monarchie, repoussent les Romains, et commencent leurs guerres avec les Suèves et les Alains, qu'ils ont complètement anéantis l'an 570. Alors ils possèdent seuls toute l'Espagne.

L'an 712, les Arabes font la conquête de l'Espagne; Pélage, roi des Visigoths, se retire et se soutient à Oviédo.

755. Abdérame, calife indépendant en Espa-

gne. La puissance de ses successeurs jusqu'en 1051 est graduellement affaiblie par les discordes intérieures et par les guerres continuelles des Chrétiens insurgés.

857. Les Chrétiens fondent le royaume de Navarre. Voyez *Navarre.*

914. Ils fondent le royaume de Léon. Voyez *Léon.*

1035. Ils fondent les royaumes d'Arragon et de Castille. Voyez *Arragon* et *Castille.*

Les petits royaumes arabes, comme Valence, Cordoue, Séville, Grenade, etc., sont successivement conquis par les Chrétiens.

1139. Fondation du royaume de Portugal. Voyez *Portugal.*

1412. Ferdinand I, roi d'Arragon, fait la conquête de la Sicile et la réunit à ses états.

1479. Ferdinand-le-Catholique, roi d'Arragon, et Isabelle, reine de Castille, réunissent leurs états, par leur mariage, et fondent le royaume d'Espagne.

1492. Découverte de l'Amérique.

1503. Le royaume de Naples conquis et réuni à l'Espagne.

1516. Charles I. (V.)

1519. — empereur romain.

1556. Philippe II.

1579. Conquête des Pays-Bas.

1580. Le Portugal à l'Espagne.

1588. La grande Armandad.

1598. Philippe III.

1624. Philippe IV.

1660. Le Portugal séparé de l'Espagne.

1665. Charles II.

1700. Philippe V, d'Anjou. (Guerre de la succession d'Espagne.)

1713. La Sardaigne à la maison de Savoie; la Sicile à Victor-Amédée II ; et Naples à Charles II. Voyez *Sardaigne, Naples, Sicile.*

1746. Ferdinand IV.

1859. Charles III.

1788, Charles IV.

1808. Ferdinand VII.

1808. Joseph Bonaparte.

1814. Ferdinand VII rétabli.

1823. Intervention armée des Français dans la révolution d'Espagne.

ROYAUME DE NAVARRE.

L'an 857 de J. C., les Chrétiens, repoussés par les Arabes, qui avaient fait la conquête de l'Espagne, l'an 712, s'étant d'abord retirés à Oviédo, commencent à affaiblir la puissance des califes, et fondent le royaume de Navarre, qui a été l'origine des royaumes d'Arragon et de Castille.

Voyez *Arragon* et *Castille*.

ROYAUME DE LÉON.

L'an 914 de J.-C., les Chrétiens, repoussés par les Arabes qui avaient fait la conquête de l'Espagne, l'an 712, s'étant d'abord retirés à Oviédo, commencent à affaiblir la puissance des Califes, et fondent le royaume de Léon, qui a été, en l'an 1339, l'origine du royaume de Portugal.

Voyez *Portugal*.

ROYAUME D'ARRAGON.

Voyez *Navarre*.

1035. Ramire I.
1037. Raimon I.
1067. Sanche I.
1094. Pierre I.
1104. Alphonse I.
1134. Ramire II.
1162. Alphonse II.
1196. Pierre II.
1213. Jacques I.
1238. Conquête de Valence.
1276. Pierre III.
1285. Alphonse III.
1294. Jacques II.
1326. Conquête de la Sardaigne.
1327. Alphonse IV.
1336. Pierre IV.
1388. Jean I.
1395. Martin-l'Aîné.
1409. La Sicile réunie au royaume d'Arragon.
1412. Ferdinand I.
1416. Alphonse V.
1458. Jean II.
1479. Ferdinand-le-Catholique, roi d'Arragon,
      et Isabelle, reine de Castille, réunis-

sent leurs états par leur mariage, et fondent le royaume d'Espagne.

Voyez *Castille*, *Espagne*.

ROYAUME DE CASTILLE.

Voyez *Navarre.*

1033. Ferdinand I.
1065. Sanche II.
1073. Alphonse VI.
1085. Conquête de Tolède.
1109. Alphonse VII.
1122. Alphonse VIII.
1157. Sanche III.
1158. Alphonse IX.
1214. Henri I.
1217. Ferdinand III.
1230. (Cordoue.)
1242. (Jaen.)
1248. (Séville.)
1252. Alphonse X, le Sage.
1284. Sanche IV.
1295. Ferdinand IV.
1312. Alphonse XI.
1350. Pierre-le-Cruel.
1369. Henri II.
1379. Jean I.
1390. Henri III.
1406. Jean II.
1454. Henri IV.
1474. Isabelle.

1479. Ferdinand-le-Catholique, roi d'Arragon, et Isabelle, reine de Castille, réunissent leurs états par leur mariage, et fondent le royaume d'Espagne

Voyez *Arragon*, *Espagne*.

PORTUGAL.

Voyez *Royaume de Léon.*

1139. Alphonse I.
1185. Sanche I.
1211. Alphonse II.
1233. Sanche II.
1246. Alphonse III.
1279. Denys, le Père de son pays.
1325. Alphonse IV.
1357. Pierre I.
1367. Ferdinand I.
1383. Jean I, le Grand.
1433. Edouard.
1438. Alphonse V, l'Africain.
1481. Jean III.
1486. Découverte du cap de Bonne-Espérance.
1495. Emmanuel-le-Grand.
1521. Jean III.
1557. Sébastien.
1578. Henri.
1580. Portugal réuni à l'Espagne. Voyez *Es-*
pagne.
1640. Le Portugal donné à la maison de Bra-
gance. Jean IV.
1656. Alphonse VI.

6

1683. Pierre II.
1706. Jean V.
1750. Joseph Emmanuel.
1777. Marie.
1796. Jean VI (régent).
1807. Emigration en Amérique.
1846. Jean VI (roi).

GERMAINS.

3870 (du monde). GUERRE des Romains contre les Cimbres et les Teutons, les premiers peuples de la Germanie qui paraissent dans l'histoire.

3882. Vaincus par Marius, près d'Aquæ-Sextiæ.

3883. Près Vérone.

3912. Ariovist.

3926. —vaincu par César.

3972. Campagne de Drusus en Germanie (trois ans).

3990. Marbod.

9 (après J.-C.). Arminius (Hermann) défait Varus.

40 (environ). Catuald. Vannius.

58. Guerre des Hermundures et des Cattes.

69. Guerres civiles.

166. Guerre des Marcomans.

Vers la fin de ce siècle, les Goths, les Bourguignons, les Vandales et les Lombards sortent de la Germanie et se répandent en Europe. Les Francs, les Saxons, les Allemands, prennent naissance en Germanie, au commencement du siècle suivant.

Voyez ces différens peuples.

CULTE DES GERMAINS.

La plus ancienne divinité des peuples de la Germanie est Isis, qui leur apporta, dit-on, d'Égypte, le culte des Dieux et l'agriculture. Ils croyaient qu'elle était la mère des Dieux, et la déesse même de la terre ; ils l'adoraient sous le nom de Herte, et sous la figure d'un navire. Ils lui offraient des sacrifices infâmes qu'il était défendu à ses prêtres de révéler. Ils immolaient des victimes humaines à Mercure et à Mars, leurs principaux dieux, ainsi qu'à Hercule, qu'ils regardaient comme leur plus grand guerrier. Les Germains adoraient encore un grand nombre de divinités, dont la plupart ne sont connues que de nom. On croit que, sous tous ces noms, ils n'adoraient que le soleil, la terre, la lune et le feu. Ils n'avaient point de temples, mais ils consacraient des forêts à leurs dieux ; ils y nourrissaient des chevaux dont ils tiraient des présages, ainsi que des oiseaux. Ils se servaient des sorts, dans lesquels ils avaient beaucoup de foi. De même que les Gaulois, ils restreignaient la transmigration des âmes des hommes aux seuls corps des autres hommes.

ALLEMANDS.

Les Allemands, peuple de la Germanie, commencent, dans l'histoire, vers le milieu du troisième siècle de J.-C.; ils s'établissent sur le haut Rhin et le Necker.

Au cinquième siècle commencent des guerres continuelles entre eux et les Romains.

L'an 490, le roi Clovis les soumet à la domination des Francs.

L'an 843, Charles-le-Chauve partage l'empire d'Occident, renouvelé par Charlemagne, l'an 800; à cette époque commence l'empire d'Allemagne.

843. Louis II, le Germanique.

876. Louis III et Carloman. Charles-le-Gros.

887. Arnould. Rodolphe fonde la Bourgogne transjurane.

899. Louis IV, l'Enfant.

911. Conrad I, de Franconie.

919. Henri I, de Saxe.

936. Othon I, le Grand.

962. — empereur.

973. Othon II.

983. Othon III.

1002. Henri II.

1024. Conrad II, de Franconie.

1032. —hérite des deux Bourgognes.

1039. Henri III.

1056. Henri IV.

1073. Guerre des Saxons.

1096. Croisades.

1106. Henri V.

1125. Lothaire, de Saxe.

1138. Conrad III, de Hohenstaufen.

1152. Frédéric I.

1190. Henri VI.

1195. Philippe et Othon IV.

1208. Othon IV seul.

1215. Frédéric II.

1250. Conrad IV.

1254. Guillaume de Hollande.

1257. Richard et Alphonse.

1273. Rodolphe d'Habsbourg.

1292. Adolphe de Nassau.

1298. Albert d'Autriche.

1308. Henri VII, de Luxembourg.

1314. Louis de Brabant et Frédéric d'Autriche.

1349. Charles IV, roi de Bohême.

1359. Bulle d'or.

1378. Venceslas, roi de Bohême.

1400. Robert.

1411. Sigismond, roi de Bohême et de Hongrie.
      Guerre des Hussites.

1415. Fondation du duché de Brandebourg.

1438. Albert II.

1440. Frédéric III.

1493. Maximilien I.

1519. Charles V, roi d'Espagne.

1545. Concile général de Trente. La Hongrie et la Bohême réunies à l'empire.

1558. Ferdinand I.

1564. Maximilien II.

1576. Rodolphe II.

1612. Mathias.

1619. Ferdinand II.

1637. Ferdinand III.

1658. Léopold I.

1701. Guerre de la succession d'Espagne.

1705. Joseph I.

1711. Charles VI.

1742. Charles VIII, de Bavière.

1745. François I, d'Autriche-Lorraine.

1765. Joseph II.

1790. Léopold II.

1792. François II.

1804. — se restreint au titre d'empereur d'Autriche.

1805. Guerre contre la France.

1806. Fondation des royaumes de Saxe, de Wurtemberg et de Bavière.

1807. Fondation du royaume de Hanovre.

BRETAGNE.

L'an 3934 du monde, cinquante ans avant J. C., Jules-César, après avoir conquis la Gaule, pénètre dans la Bretagne. Le culte des peuples de ce pays était le même que celui des Gaulois, ce qui fait supposer qu'ils étaient Celtes d'origine.

L'an 51 de J. C., les Romains font la conquête de la Bretagne jusqu'à l'Humber.

84. Soumission du reste de la Bretagne.

409. Honorius, empereur d'Occident, rappelle les légions romaines de la Bretagne.

445. Vortiger prend le gouvernement de la Bretagne.

449. Les Saxons pénètrent en Bretagne; Hengist, leur chef, y fonde le royaume de Kent.

454. Vortimer (pour les empereurs).

465. Ambroise (pour les empereurs).

491. Ella fonde le royaume de Sussex.

508. Arthur (pour les empereurs).

519. Cerdik fonde le royaume de Wessex.

527. Arrivée des Angles; Erkenwin, leur chef, fonde le royaume d'Essex.

541. Les Bretons se réfugient dans le pays des

Galles et dans la partie de la Gaule,
qui depuis fut appelée Bretagne.

547. Arrivée des Jutes; Ida, leur chef, fonde
le royaume de Northumberland.

571. Uffa fonde le royaume d'Est-Angle.

584. Crida fonde le royaume de Mercia.

Ces sept royaumes, connus sous le nom d'Heptarchie des Anglo-Saxons, durent jusqu'à l'an 827, où Egbert-le-Grand, roi de Wessex, se fait proclamer roi d'Angleterre.

ANGLETERRE.

827. Egbert-le-Grand.
837. Ethelwolf.
857. Ethelbald.
869. Ethelberd.
866. Ethelred I.
872. Alfred-le-Grand.
900. Edouard I.
924. Athelstan.
940. Edmond.
946. Edred.
955. Edwy.
959. Edgar.
975. Edouard II, le Martyr.
979. Ethelred II.
1014. Suéno, roi des Danois.

1017. Kanut-le-Grand.

1036. Harold.

1040. Kanut II, Hardik.

1042. Edouard III, le Confesseur.

1056. Guillaume-le-Conquérant.

1087. Guillaume II, le Roux.

1100. Henri I.

1135. Etienne de Blois.

1154. Henri II, d'Anjou.

1172. Conquête de l'Irlande.

1189. Richard Cœur-de-Lion.

1199. Jean-sans-Terre.

1216. Henri III.

1265. Chambre des communes.

1272. Edouard IV.

1307. Edouard V.

1327. Edouard VI.

1346. Batailles de Crécy et de Poitiers.

1377. Richard II.

1399. Branche de Lancaster : Henri IV.

1413. Henri V.

1422. Henri VI.

1461. Edouard VII. (Branche d'Yorck).

1483. Edouard VIII. Richard III.

1487. Henri VII. (Tudor.)

1309. Henri VIII.

1547. Edouard IX.

Jeanne Gray.

1553. Marie.

1558. Elisabeth.

1603. Jacques I.

Ecosse réunie à l'Angleterre.

1625. Charles I.

1645. Cromwel.

1653. Cromwel, protecteur.

1658. Richard.

1660. Charles II.

1685. Jacques II.

1689. Guillaume III, d'Orange.

1702. Anne Stuart.

1714. George I, de Hanovre.

1727. Georges II.

1760. Georges III.

1800. Guerre contre la France.

1820. Georges IV.

ÉCOSSE.

1306. Robert Bruce fonde le royaume d'Ecosse.

Les Ecossais qui veulent, comme tous les peuples, avoir une origine ancienne, prétendent être descendus des Scythes, qui auraient fondé un ancien royaume d'Ecosse, et portent à soixante-onze le nombre de ses anciens rois, qui cependant sont inconnus.

1329. David.
1370. Robert Stuart.
1390. Robert III.
1406. Jacques I.
1437. Jacques II.
1460. Jacques III.
1484. Jacques IV.
1543. Jacques V.
1552. Marie.
1587. Jacques VI.
1603. Réunion à l'Angleterre.

Voyez *Angleterre*.

SARMATES.

C'est vers l'an 160 de J. C. que les Sarmates commencent à paraître, au temps de Jazigen, leur chef.

Vers le milieu du quatrième siècle, les Esclavons, peuple Sarmate, sont soumis aux Goths.

Au commencement du sixième siècle, des Sarmates répandus en Germanie, produisent les Dalemenciens, les Moraves et les Tscheches, qui donnent naissance plus tard aux Bohémiens. Au septième siècle, les Russes et les Polonais naissent des Sarmates, et les Prussiens paraissent avoir la même origine.

A peine trouve-t-on chez les peuples de la Sarmatie les traces d'un culte religieux. On croit qu'ils sont originairement Mèdes et qu'ils adoraient le soleil. Ces peuples barbares vivaient dans les forêts et les montagnes, n'ayant pour maisons que leurs charrettes. Ils se nourrissaient du sang de leurs chevaux, qu'ils mêlaient avec le lait de leurs cavales.

LOMBARDS.

Les Lombards paraissent en Germanie vers le milieu du deuxième siècle.

488. — S'établissent à Noricum, en Italie.

548. — S'établissent en Panonie.

568. Alboin. Conquête de l'Italie. Il ne reste plus aux empereurs grecs, qui en étaient maîtres, que l'Exarchat de Ravenne.

574. Cleph.

585. Autharit.

591. Agiluf.

617. Aduald.

—— Ariowald.

638. Rothard.

641. La Sardaigne et la Corse conquises.

653. Rodoald. L'Exarchat de Ravenne conquis.

657. Aribert.

662. Peutharit.

—— Grimoald.

773. Bertharit.

789. Cunnibert.

702. Luitbert. Ragimbert.

703. Arimbert.

741. Asprand.

713. Luitprand.

744. Rachis.

750. Astolphe.

752. Le roi Pepin, vainqueur des Lombards, accorde au pape Etienne III le gouvernement temporel de Rome.

756. Didier.

774. Charlemagne, vainqueur de Didier, qui assiégeait Rome, met fin à l'empire des Lombards. Alors le domaine des Papes s'agrandit. Naples et la Sicile retournent à l'empire d'Orient, et l'Italie occidentale est comprise dans l'empire des Francs.

Pour le culte, voyez *Germains*.

GOTHS.

Les Goths paraissent en Germanie vers le milieu du deuxième siècle, et s'établissent sur le Niester.

Au commencement du troisième siècle, ils envahissent plusieurs provinces romaines.

A la fin du même siècle, ils fondent un grand empire en Dacie, sous leur roi Ermanaric.

Vers le milieu du siècle suivant, les Ostrogoths et les Visigoths, qui ne formaient qu'un peuple, se divisent. Les Ostrogoths, réunis à Balamir, roi des Huns, aux Thuringiens et aux Gépides, fondent sur l'Italie et font la conquête de Rome, l'an 410, sous leur roi Alaric. (Voyez *Ostrogoths*, ci-après.) Les Visigoths, sous leur roi Athanaric, pénètrent dans la Gaule, et se retirent ensuite en Espagne. Voyez *Visigoths*.

Le culte des Goths était celui des Germains.

OSTROGOTHS.

Voyez *Goths*, ci-dessus.

410 (de J.-C.). Alaric, roi des Ostrogoths, ravage l'Italie et l'Illyrie, prend Rome, et s'établit dans la Gaule.

451. Attila, le fléau de Dieu, est défait par Mérovée, roi des Francs.

493. Théodoric soumet les Hérules qui s'étaient rendus maîtres de Rome sous l'empereur Romulus-Augustulus, l'an 475, et fonde un grand empire en Italie.

526. Athalaric.

534. Théodat.

536. Vitiges.

540. Idobald.

542. Totila.

552. Theia.

563. Justinien, empereur d'Orient, soumet les Ostrogoths et fait la conquête de l'Italie. Fin de l'empire des Ostrogoths.

VISIGOTHS.

Voyez *Goths*, page 100.

Vers l'an 350 de J.-C., les Visigoths, sous leur roi Athanaric, s'établissent dans la Gaule.

414. Ataulphe.

415. Vallia.

419. Théodoric I.

453. Théodoric II.

466. Evaric.

484. Alaric II fait la conquête de l'Espagne romaine, et y fonde une monarchie. Les Visigoths commencent à embrasser le Christianisme.

507. Gensalic. Les Visigoths, entièrement chassés de la Gaule, se retirent en Espagne.

511. Théodoric.

531. Theudis.

554. Athanagilde.

570. Leuvigilde. Conquête du reste de l'Espagne; les Alains et les Suèves qui l'occupaient sont anéantis.

586. Ricared.

601. Luiva.

621. Suintilla.

631. Sisénaud.

636. Chintilla.

642. Chindasuinthe.

649. Recesuinthe.

672. Wamba.

680. Ervige.

687. Egiza.

701. Wétiza.

710. Rodrigue.

712. Conquête de l'Espagne par les Arabes mahométans. Pélage se soutient à Oviédo contre la force des Arabes. Ses descendans, ayant continué leur résistance, sont parvenus à affaiblir les Arabes et à fonder les royaumes de Navarre et de Léon, origine des royaumes actuels d'Espagne et de Portugal. Voyez *Espagne*, *Portugal*, *Navarre*, *Léon*.

BOURGUIGNONS.

PREMIÈRE ÉPOQUE.

Vers l'an 150 de J.-C., les Bourguignons, peuple de la Germanie, s'établissent entre la Vistule et l'Oder. Vers l'an 350, ils pénètrent dans la Gaule et y fondent un royaume.

460. Les Bourguignons sont vaincus par Clotaire I, et soumis aux Francs.

DEUXIÈME ÉPOQUE.

Du démembrement de l'empire des Francs, sous Charles-le-Chauve, se formèrent, l'an 843, le royaume de France, l'empire d'Allemagne et l'empire d'Italie. Ce dernier empire ne dura que trente-sept ans. L'an 870, l'empire d'Italie fut divisé ; la portion qui échut à la France fut érigée en duché, l'an 879, par Bozon : c'est la Bourgogne cisjurane ; et, sur la portion qui était échue à l'Allemagne, le duc Rodolphe fonda la Bourgogne transjurane, l'an 887. Voyez *Bourgogne cisjurane* et *Bourgogne transjurane* ci-dessous.

BOURGOGNE CISJURANE.

879. Bozon.

888. Louis.
900. Hugues.
930. Dépendance de la Bourgogne transjurane.

BOURGOGNE TRANSJURANE.

887. Rodolphe I.
911. Rodolphe II.
937. Conrad (prend le titre de roi d'Arles).
994. Rodolphe III.
1032. Conrad II, empereur d'Allemagne, hérite des deux Bourgognes, et les joint à l'empire.

TROISIÈME ÉPOQUE.

1363. Érection du nouveau duché de Bourgogne par Philippe-le-Hardi.
1369. Conquête de la Flandre.
1404. Jean.
1419. Philippe-le Bon.
1428. Conquête de Namur.
1430. Conquête du Brabant.
1433. Conquête de la Hollande.
1443. Conquête du Luxembourg.
1467. Charles-le-Hardi.
1477. Marie.
1482. Philippe.

1506. Charles V, depuis roi d'Espagne et empereur.

1515. Conquête de Frièse.

1528. Conquête d'Overissel.

1536. Conquête de Groningue.

1544. Conquête de Gueldre.

1555. Philippe II, roi d'Espagne, en forme l'état
de Hollande. Voyez *Hollande*.

VANDALES.

Vers l'an 150 de J.-C., les Vandales, peuple de la Germanie, s'établissent sur la Vistule.

250 (environ). — en Bohême.

300 (environ). — en Silésie.

320 (environ). — en Dacie.

409. Les Vandales, les Alains et les Suèves, après avoir ravagé l'Italie, fondent sur la Gaule et vont s'établir en Espagne.

429. Les Vandales laissent l'Espagne et vont s'établir en Afrique, sous la conduite de Genséric.

Voyez *Culte des Germains.*

ALAINS.

Peuple venu du nord de la Germanie, que les Vandales et les Suèves ont entraîné dans leurs courses, et qui s'est établi avec eux, en Espagne, l'an 409.

570. Les Alains et les Suèves sont anéantis en Espagne, par les Visigoths.

On ne voit pas que les Alains se soient constitués en monarchie en Espagne.

Voyez *Culte des Germains*.

SUÈVES.

Les Suèves, venus du nord de la Germanie, dans le même temps que les Vandales et les Alains, se sont établis, avec eux, en Espagne, l'an 409, et y ont fondé une monarchie sous Hermanric.

440. Richila.
448. Rechiar.
465. Remismund.
561. Théodomir I.
570. Thédomir II.
570. La monarchie suève est anéantie par les Visigoths, qui s'étaient établis depuis cent ans dans l'Espagne romaine.

Voyez *Culte des Germains*

SAXONS.

—

Les Saxons paraissent, dans le nord de la Germanie, vers l'an 250 de J.-C.

Vers l'an 350, ils commencent leurs pirateries dans les parages de la Grande-Bretagne.

449. Hengist, avec une colonie de Saxons, passe en Angleterre, et y fonde le royaume de Kent.

550. Commencent entre les Saxons et les Francs des guerres continuelles, qui n'ont fini qu'a l'époque de la victoire de Charlemagne, lequel avant défait leur chef Witikind Albion, l'an 804, transplanta les Saxons dans ses états, et les força à embrasser le christianisme.

943. Au partage de l'empire d'Occident, sous Charles-le Chauve, le pays des Saxons forma, sous le nom de Saxe, une des provinces de l'empire d'Allemagne, jusqu'à l'an 1806, que la Saxe, entrant dans la confédération du Rhin, fut érigée en royaume, sous Frédéric-Auguste.

———

BOHÉMIENS.

Vers l'an 550 de J. C., les Tscheches, l'un des peuples sarmates qui se sont répandus en Germanie au commencement du siècle, s'établissent en Bohême.

620. Samo.
710. Libussa.
722. Przemislas.
805. Tributaires de Charlemagne.
900. Boroziwog. (Plusieurs petits chefs tributaires de l'empire prennent le titre de duc.)
1056. La Moravie est soumise aux Bohémiens.

ROIS.

1186. Wardislas.
1199. Premislas Ottocar I.
1230. Vinceslas III.
1253. Premislas Ottocar II.
1278. Vinceslas IV.
1305. Vinceslas V.
1307. Henri.
1311. Jean de Luxembourg.
1339. Silésie réunie à la Bohême.
1346. Charles (IV, empereur).

1378. Vinceslas, empereur.

1419. Sigismond, empereur. Guerre des Hussites.

1437. Albert d'Autriche

1439. Wladislas (posthume).

1453. Ladislas (posthume).

1457. Georges Podiebrad.

1471. Wladislas.

1490. — roi de Hongrie.

1516. Louis II, roi de Bohême et de Hongrie.

1526. Ferdinand, *idem*.

1545. Bohême réunie à l'Empire.

Voyez *Allemands*.

HONGROIS.

568 (de J.-C.) Les Avares s'établissent en Panonie (aujourd'hui la Hongrie).

800. Les Avares sont anéantis par Charlemagne.

894. Arrivée des Hongrois. (Zoltan.)

950 (environ). Toxa.

972. Geisa I.

997. Etienne I.

1038. Pierre.

1041. Ovo.

1046. André I.

1060. Béla I.

1063. Salomon.

1075. Geisa II.

1077. Ladislas I.

1096. Coloman.

1114. Etienne II.

1131. Béla II.

1141. Geisa III. Arrivée des Saxons.

1161. Etienne III.

1162. Etienne IV.

1164. Ladislas II.

1173. Béla III.

1196. Emeric.

1204. Ladislas III.

1205. André II.

1235. Béla IV.

1240. Dévastation des Mogols.

1270. Etienne V.

1272. Ladislas IV.

1290. André III.

1301. Vinceslas.

1305. Otton.

1308. Charles Robert.

1342. Louis-le-Grand.

1370. — roi de Pologne.

1382. Marie, et.....

1387. Sigismond.

1411. — empereur d'Allemagne.

1419. — roi de Bohême.

1437. Albert, d'Autriche.

1440. Wladislas I.

1453. Ladislas V.

1458. Matthias Corvinus.

1490. Wladislas, roi de Bohême.

1516. Louis II, roi de Hongrie et de Bohême.

1526. Ferdinand d'Autriche, *idem*.

1545. La Hongrie et la Bohême réunies à l'Empire.

Voyez *Allemands.*

DANOIS.

720 de J. C. (environ). Iwar.

730 (environ). Widfadmi.

750 (environ). Regnar.

780 (environ). Sigur fonde le royaume de Danemarck.

800 (environ). Gothric.

810 (environ). Hemming.

860 (environ). Gorm.

941. Harold Blaatand.

972. — baptisé.

991. Suenon I.

1000. Norwége conquise.

1014. Angleterre conquise.

1014. Canut II, dit le Grand, et Harold III.

1020. Séparation de la Norwége.

1036. Canut III, ou Hardecnut.

1041. Magnus.

1044. Suenon II, Estrithson.

1076. Harold IV.

1080. Canut IV, dit le Saint.

1086. Olaus, dit Hunger.

1095. Eric III, Ejogod.

1104. Nicolas.

1131. Eric IV, Emaud.

1137. Eric V, dit Lam.

1147. Canut V et Suénon III.

1157. Waldemar I, dit le Grand.

1182. Canut VI.

1202. Waldemar II, dit le Victorieux.

1209. Waldemar III, avec son père, jusqu'en 1219.

1227. Bataille de Bornhorède.

1241. Eric VI (Saint), dit Plogpenning.

1250. Abel.

1252. Christophe I.

1259. Eric VII, dit Glipping.

1286. Eric VIII, dit Menved.

1320. Christophe II.

1340. Waldemar IV, élu après un interrègne de quatre ans.

1375. Olaus (V).

1381. — roi de Norwége, réunie au Danemarck, jusqu'en 1814.

1387. Marguerite.

1388. — reine de Suède.

1397. Union de Calmar entre le Danemarck, la Suède et la Norwége.

1412. Eric le Poméranien (XIII).

1441. Christophe III, dit le Bavarois.

1448. Christian I.

1481. Jean.

1483. — roi de Suède.

1513. Christian II.

1523. Frédéric I. La Suède se sépare entièrement du Danemarck.

1534. Christian III.

1559. Frédéric II.

1588. Christian IV.

1648. Frédéric III.

1670. Christian V.

1699. Frédéric IV.

1730. Christian VI.

1746. Frédéric V.

1765. Christian VII.

1772. Révolution de Copenhague; chute du ministre Struensée.

1808. Frédéric VI.

1814. Le Danemarck perd la Norwége, qui est réunie à la Suède.

SUÉDOIS.

—

710 de J. C. (environ). Iwar.
720 (environ). Widfadmi.
750 (environ). Regnar.
780 (environ). Bjorn I.
790 (environ). Jarnsida.
820 (environ). Eric I.
840 (environ). Bjorn II.
860 (environ). Eric II.
880 (environ). Edmund.
910 (environ). Eric III.
930 (environ). Bjorn III.
950 (environ). Eric IV.
1004. Olaus.
1026. Amond.
1051. Edmond.
1056. Stinkil.
1066. Eric (VII), puis Eric (VIII).
1067. Hacquin I, dit le Roux.
1080. Inge I, dit le Bon, avec son frère Inge-
   Halstan, qui meurt en 1090.
1112. Inge II.
1129. Ragwald.
1133. Suercher I.
1155. Eric I (IX).

1160. Charles (VII).

1167. Canut-Frioson.

1199. Suercher II.

1210. Eric II (X).

1216. Jean I, dit le Débonnaire.

1223. Eric III (XI), dit le Bègue.

1250. Waldemar I.

1275. Magnus I.

1290. Birger.

1319. Magnus II.

1350. Eric IV (XII).

1361. Hacquin II.

1363. Albert de Meklembourg.

1388. Marguerite, reine de Danemarck.

1397. Union de Calmar : Suède, Norwége et Danemarck.

1412. Eric V (XIII), roi de Danemarck.

1439. Charles II (VIII), Canutson.

1447. —chassé.

1457. Christian I, roi de Danemarck.

1464. Charles Canutson, rétabli.

1471. Stenon Sture I, dit l'Aîné.

1483. Jean I (II), roi de Danemarck.

1512. Stenon Sture II, dit le Jeune.

1523. Gustave Vasa. La Suède entièrement séparée du Danemarck.

1560. Eric (XIV).

1568. Jean (III).

1592. Sigismond, roi de Pologne.

1611. Gustave-Adolphe, dit le Grand.

1604. Charles IX.

1632. Christine.

1654. Charles X.

1660. Charles XI.

1697. Charles XII.

1700. Guerre du nord.

1719. Ulrique Eléonore.

1720. Frédéric I, de Hesse-Cassel.

1751. Adolphe-Frédéric, de Holstein.

1771. Gustave III.

1792. Gustave-Adolphe (II).

1809. Charles XIII.

1814. La Norwége réunie à la Suède.

NORVÉGIENS.

800 de J.-C. PLUSIEURS pétits royaumes.

850. Ces petits royaumes commencent à se réunir.

900 (environ). Harold Haarfæger.

931. Eric.

936. Hacon I, dit Adelstan.

950. Harold II, dit Graffel.

978. Hacon II, le Mauvais.

995. Olaus I, Trygweson.

1000. Norwége conquise par les Danois.—Suénon (I).

1015. Canut-le-Grand, roi d'Angleterre.

1016. Olaus II, dit le Saint.

1030. Suenon (II).

1035. Magnus Olaffon.

1047. Harold III, dit Kaardræde.

1066. Magnus II.

1068. Olaus III, le Pacifique.

1093. Magnus III, dit Barfod.

1103. Sigurd I, Jorsalafar, règne avec ses frères Olaus IV (mort en 1116) et Eysten (mort en 1122).

1130. Magnus IV, l'Aveugle.

1135. Harold IV, dit Gille.

1136. Inge I, le Bossu, règne avec ses trois
frères, Eysten II, Sigurd II et Magnus V, jusqu'en 1157.
1161. Hacon III.
1162. Sigurd III.
1162. Magnus VI, Erlingson.
1185. Suerrer.
1202. Hacon IV.
1204. Guttorm.
1205. Inge II.
1217. Hacon V.
1263. Magnus VII.
1280. Eric II.
1299. Hacon VI.
1319. Magnus VIII (II), roi de Suède.
1363. Hacon VII.
1381. Olaus V. (La Norwége est réunie au Danemarck, jusqu'à l'an 1814, époque où
elle entre dans les dépendances du
royaume de Suède. Voyez *Danois*.)

VENISE.

---

809 de J.-C. FONDATION de Venise par des
barbares qui s'étaient emparés du pays,
vers la fin du cinquième siècle, et en
avaient forcé les habitans à se réfugier
dans les îles voisines. Vers la fin de ce
siècle, le Doge, ou président de la république, prend un pouvoir presque
absolu.

1772. Le pouvoir du Doge est borné au commerce.

1200. Candie passe sous la dépendance de l'état
de Venise.

1204. Archipel, à Venise.

1253. Guerre contre les Génois.

1299. Aristocratie. Commerce exclusif dans les
Indes.

1404. Vicence, Vérone, Padoue réunies à Venise.

—— Venise, première puissance maritime.

1428. Brescia, Bergame réunies à Venise.

1473. Cypre, à Venise.

1500. Décadence de Venise, par la perte de
son commerce dans les Indes.

1571. Cypre conquise par les Turcs.

1645. Guerre contre les Turcs.

1669. Guerre contre les Turcs. (Perte de Candie.)

1699. Guerre contre les Turcs.

1715. Guerre contre les Turcs.

1718. Guerre contre les Turcs.

1797. Etat de Venise partagé entre l'Autriche et la République cisalpine.

1805. Venise entre dans la formation du royaume d'Italie.

1814. Fin du royaume d'Italie : Venise fait partie du royaume Lombard-Vénitien.

POLONAIS.

840 de J.-C. Piast.
860 (environ). Ziemowit.
880 (environ). Lesco.
910 (environ). Ziemomislas.
964. Miesko I.
965. —— baptisé.
992. Boleslas I.
1005. Chobri.
1025. Miesko II
1034. Casimir I.
1058. Boleslas II, le Hardi.
1077. —— roi.
1081. Wladislas I.
1103. Boleslas III.
1139. Wladislas II.
1146. Boleslas IV.
1173. Miesko III.
1177. Casimir II, le Juste.
1194. Lesco-le-Sage.
1202. Wladislas III.
1227. Boleslas V.
1279. Premislas.
1289. Anarchie.
1300. Vinceslas.

1306. Wladislas IV.

1320. — souverain de toute la Pologne.

1333. Casimir III, dit le Grand

1370. Louis, roi de Hongrie.

1382. Hedwige et....

1383. Wladislas V.

1434. Wladislas VI.

1445. Casimir IV.

1466. Prusse occidentale réunie à la Pologne.

1492. Jean I.

1501. Alexandre.

1506. Sigismond I.

1548. Sigismond II, Auguste.

1573. Henri (III).

1575. Etienne Batori.

1587. Sigismond III.

1592. Sigismond III, roi de Suède.

1632. Wladislas VII.

1648. Jean Casimir.

1669. Michel Caribut.

1674. Jean Sobieski..

1697. Auguste II, de Saxe.

1706. Stanislas Leczinski.

1733. Auguste III.

1764. Stanislas Poniatowski.

1772. La Pologne est partagée entre la Russie,
la Prusse et l'Autriche.

RUSSES.

862. Rurick.
879. Igor.
890 (environ). Oleg.
910 (environ). Swiatoslaf.
975. Wladimir-le-Grand.
988. — baptisé.
1015. Swiatopolek I.
1016. Jaroslaf I.
1054. Isiaslaf I.
1078. Usevolod I.
1089. Swiatopolek II.
1114. Wladimir II.
1125. Mstistaf.
1132. Iaropolek.
1138. Usevolod II.
1146. Isiaslaf II.
1155. Jouri I.
1158. André I.
1177. Dimitri, Usevolod III.
1215. Jouri II.
1216. (Constantin.)
1238. Jaroslaf II.
1249. André II.
1252. Alexandre I.

1264. Jaroslaf III.

1271. Vassili I.

1276. Dimitri I.

1281. André III.

1296. Danilo.

1304. Mikhail.

1317. Jouri III.

1323. Dimitri II.

1326. Alexandre II.

1328. Ivan I, Danilowitz.

1340. Siméon.

1353. Ivan II, Danilowitz.

1362. Dimitri III.

1389. Vassili II.

1425. Vassili III.

1462. Ivan, I Vassiliwitz.

1477. Russie indépendante des Tartares.

1505. Vassili Ivanowitz.

1533. Ivan II, Vassiliwitz.

1584. Féodor I.

1598. Boris Godenouf.

1605. Féodor II.

1606. Vassili Choniski.

1613. Mikhail, Feodorof.

1635. Romanof.

1645. Alexis Milkhail.

1676. Féodor III, Alexis.

1682. Ivan (V) et Pierre Alexiéwitz.

1689. Pierre I.

1700. Guerre du nord.

1721. Pierre I , empereur.

1725. Catherine I.

1727. Pierre II.

1730. Anne.

1740. Ivan (VI) Antonowitz.

1741. Elisabeth Petrowna.

1762. Pierre III.

1762. Catherine II.

1796. Paul I.

1801. Alexandre I.

1826. Nicolas I.

PRUSSIENS.

Vers le commencement du onzième siècle de notre ère, les Prussiens, descendus des Lettes, qui paraissent être un peuple sarmate, commencent à soutenir des guerres continuelles contre les Polonais.

1239. Fondation d'Elbing.

1255. Fondation de Kœnisberg.

1283. Prusse conquise par les Chevaliers teutoniques.

1309. Marienbourg, siége du grand-maître.

1510. Bataille de Tannemberg.

1466. Prusse divisée : Prusse occidentale réunie à la Pologne. (voyez *Pologne*); Prusse orientale, fief du royaume de Pologne.

1515. Albert de Brandebourg.

1525. — duc.

1568. Jean Sigismond de Brandebourg réunit la Prusse à ses états, et prend le titre de duc de Prusse.

1619. George Guillaume.

1640. Frédéric Guillaume, le Grand.

1657. — indépendant.

1688. Frédéric I.

1701. — roi. Guerre de la succession d'Espagne.

1713. Frédéric Guillaume I.
1740. Frédéric II.
1756. Guerre de sept ans.
1786. Frédéric Guillaume II.
1797. Frédéric Guillaume III.
1806. Guerre contre la France.

NAPLES.

Voyez *Grande Grèce*, *Italie*, deuxième et troisième époque.

1043. Les Normands, sous la conduite de Guillaume, leur chef, font la conquête de Naples, sur les Arabes, et s'y établissent.

1059. Robert, duc.

1080. Conquête de la Sicile; elle est administrée par Roger I, qui prend le titre de comte de Sicile.

1085. Roger, duc de Naples.

1102. Roger II, comte de Sicile.

1111. Guillaume II, duc de Naples.

1127. La Sicile et Naples réunis.

1129. Guillaume II prend le titre de roi de Sicile.

1154. Guillaume I, le Mauvais.

1166. Guillaume II, le Bon.

1189. Tancrède.

1194. Guillaume III.

—— Henri (VI).

1197. Frédéric II, empereur d'Allemagne.

1250. Conrad IV, empereur d'Allemagne.

1254. Mainfroy.

1266. Charles d'Anjou.

1282. La Sicile forme un royaume séparé sous Pierre d'Arragon. Voyez *Sicile*.

1285. Charles.

1309. Robert-le-Sage.

1343. Jeanne.

1382. Charles.

1386. Ladislas.

1442. Alphonse I (V).

1458. Ferdinand I.

1494. Alphonse II.

1495. Ferdinand II.

1496. Frédéric.

1503. Réunion à l'Espagne, sous Ferdinand-le-Catholique. Voyez *Espagne*.

1700. Guerre de la succession d'Espagne.

1713. Naples forme un royaume indépendant sous Charles II (IV).

1720. Sicile réunie à Naples.

1734. Charles III, d'Espagne.

1759 Ferdinand IV.

1806. Joseph Bonaparte.

1808. Joachim Murat.

1814. Ferdinand IV rétabli.
François I.

SUISSE.

1315. CONFÉDÉRATION helvétique, commencée l'an 1308, et dans laquelle entrent d'abord les cantons de Schwitz, Uri, Underwal.

1332. Lucerne.

1351. Zurich.

1352. Glaris, Zug, Berne.

1386. Bataille de Sempach.

1444. Bataille de Bâle.

1476. Bataille de Granson.

1481. Fribourg, Soleure.

1498. Pays des Grisons.

1501. Bâle, Schaffausen.

1513. Appenzel.

1519. Réforme de Zwingle.

1533. Genève.

1636. Pays de Vaud.

1648. Suisse reconnue libre.

1814. Le Valais, Genève et Neuchâtel restitués par la France qui les avait conquis.

BRANDEBOURG.

1416. Le Brandebourg érigé en duché sous Frédéric I.

1440. Frédéric II.

1470. Albert-l'Achille.

1486. Jean-le-Cicéron.

1499. Joachim I.

1535. Joachim II.

1571. Jean George.

1598. Joachim Frédéric.

1608. Jean Sigismond.

1609. Conquête de Clèves et de la Marche.

1618. Réunion de la Prusse au Brandebourg ; Jean Sigismond prend le titre de duc de Prusse.

Voyez *Prusse*.

SAVOIE.

1416. La Savoie est érigée en duché, us Amédée VIII.

1434. Louis.

1465. Amédée IX.

1472. Philibert I.

1482. Charles I.

1489. Charles II.

1496. Philippe.

1497. Philibert II.

1504. Charles III.

1553. Emmanuel Philibert.

1580. Charles Emmanuel I.

1630. Victor Amédée I.

1637. Fr. Hyacinthe.

1638. Charles-Emmanuel II.

1675. Victor-Amédée II.

1713. La Sardaigne réunie à l'état de Savoie.

1720. Victor-Amédée II prend le titre de roi de Sardaigne.

1730. Charles-Emmanuel III.

1773. Victor-Amédée III.

1796. Charles-Emmanuel IV.

1802. Victor-Emmanuel.

1814. Gênes, la Savoie, Nice et le Piémont restitués par la France qui les avait conquis.

TOSCANE.

1434. La Toscane est érigée en duché sous Cosme de Médicis.

1464. Pierre.

1472. Laurent.

1492. Pierre.

1513. Laurent.

1530. Alexandre.

1537. Cosme II.

1569. — grand duc.

1575. François I.

1587. Ferdinand I.

1609. Cosme III.

1621. Ferdinand II.

1670. Cosme IV.

1725. Jean Gaston.

1737. François de Lorraine.

1765. Léopold.

1790. Ferdinand.

1801. Erigée en royaume sous Louis Bonaparte, qui prend le titre de roi d'Etrurie.

1808. Réunie à la France.

1814. Restituée à l'archiduc Ferdinand.

TURCS ou OTTOMANS

EN EUROPE.

Voyez *Turcs en Asie.*

1458. Le sultan Mahomet II prend Constantinople et met fin à l'empire grec, sous Constantin Paléologue. Il fixe à Constantinople le siége de l'empire turc.

1482. Bajazet II.

1512. Sélim I.

1517. Syrie et Égypte conquises.

1520. Soliman II.

1522. Rhodes conquise.

1526. Bataille de Mohaez.

1566. Sélim II.

1574. Murad III.

1577. Cypre conquise.

1595. Mahomet III.

1603. Achmet I.

1617. Mustapha I.

1618. Osman II.

1620. Murad IV.

1640. Ibrahim.

1648. Mahomet IV.

1669. Candie conquise.

1683. Siége de Vienne.

1687. Soliman III.

1691. Achmet II.
1695. Mustapha II.
1703. Achmet III.
1717. Bataille de Belgrade.
1730. Mahomet V.
1754. Osman III.
1757. Mustapha III.
1774. Abdul Achmet.
1781. Crimée conquise.
1789. Sélim III.
1807. Mustapha IV.
1808. Mahmoud II.
1821. Insurrection des Grecs.
1827. Bataille de Navarin.
1828. Guerre avec les Russes.

HOLLANDE.

Voyez *Bourgogne.*

1555. Philippe II, roi d'Espagne, fondateur de l'état de Hollande.

1572. Insurrection.

1597. Union d'Utrecht.

1584. Maurice d'Orange.

1602. Compagnie des Indes.

1625. Frédéric Henri d'Orange.

1647. Guillaume II.

1673. Guillaume III.

1674. —stadhouder héréditaire.

1689. —roi d'Angleterre.

1700. Guerre de la succession d'Epagne.

1747. Guillaume IV.

1751. Guillaume V.

1798. République Batave.

1806. Louis Bonàparte, roi.

1844. Guillame VI, roi des Pays-Bas. La Belgique et le Luxembourg réunis à la Hollande.

HANOVRE.

1807. Le Hanovre, conquis par les Français, est donné par Napoléon à Jérôme Bonaparte, son frère, avec le titre de roi de Westphalie.

1814. Restitué à l'Angleterre.

RÉPUBLIQUE CISALPINE.

1797. FONDATION de la République cisalpine, formée principalement d'une partie de l'état de Venise, du duché de Milan et du duché de Modène.

1802. Bonaparte, président.

1805. Erigée en royaume. Bonaparte prend le titre de roi d'Italie.

1814. Fin du royaume d'Italie, restitué par la France.

II.

ASIE.

CHINOIS.

Plusieurs chronologistes ont avancé que Yao, premier roi des Chinois, régnait vers le milieu du dix-huitième siècle de la création, c'est-à-dire environ cent ans après le déluge ; c'est l'opinion la plus commune, quoique cette origine supposée de la Chine soit bien douteuse. Un auteur moderne, M. de Guignes, a supposé, avec quelque vraisemblance, que la Chine ne fut fondée qu'en l'an 2803 du monde, par une colonie d'Égyptiens. Quoi qu'il en soit de l'antiquité de ce peuple, on suivra ici l'opinion qui a été le plus généralement adoptée.

Ans
du monde.

1777. Yao.

—— Schun.

—— Avènement de la dynastie des Hia.

Dynastie des Schang.

2217. Race Schang.

2682. Race Yng.

Dynastie Tscheu.

2851. Wu-wang.

2868. Tsching-wang.

2905. Kang-wang.

2931. Tschao-wang.

2982. Mo-wang.

3037. Kong-wang.

3049. Ye-wang.

3074. Hiao-wang.

3089. Y-wang.

3105. Li-wang.

3156. Suen-wang.

3202. Yu-wang.

3213. Ping-wang.

*(Ici commencent les temps vraiment historiques
de la Chine.)*

3284. Huang-wang.

3287. Tschuang-wang.

3302. Li-wang.

3307. Hoi-wang.

3332. Siang-wang.

3365. King-wang I.

3377. Ting-wang.

3398. Kjen-wang.

3412. Ling-wang.

3439. King-wang II.

3464. King-wang III.

3508. Yuen-wang.

3515. Tsching-ling-wáng.

3543. Kao-wang.

3558. Guei-lie-wang.

3582. Ngan-wang I.

3608. Lie-wang.

3615. Hien-wang.

3663. Tschin-tsin-wang.

3669. Ngan-wang II.

3728. Tscheu-kjun.

Dynastie Ta-tsin.

3737. Schi-hoang-ti, premier empereur, fait
construire la grande muraille.

3774. Eul-tschi.

Dynastie Han.

3777. Kao-ti-zer (démembrement de l'empire;
les Huns commencent leurs dévas-
tations).

3789. Hœi-ti.

3804. W,en-ti.

3828. King-ti.

3836. Wu-ti.

3894. Tschao-ti.

3914. Suen-ti.

3939. Yuen-ti.

3956. Tsching-li.

3982. Hiao-ngai-li.

9 de J.-C. Wang-mang.

24. Hoai-yang-wang.

26. Quang-wu-ti.

59. Ming-ti I.

77. Tschang-ti.

90. Ho-ti. (Il détruit l'empire des Huns.)

107. Schang-ti.

108. Ngan-ti.

127. Uon-ti.
148. Huan-ti.
169. Ling-ti.
191. Hien-ti.

Dynastie Heu-han.

222. Tschao-tie-wang. (Division en trois empires jusqu'à l'an 279.)
225. Heu-ti.

Dynastie Tsin.

265. Wu-ti I.
290. Hoei-ti.
313. Min-ti.
317. Yuen-ti.
323. Ming-ti II.
326. Tsching-ti.
343. Kang-ti.
345. Mo-ti.
362. Ngai-ti.
373. Wu-ti II.
386. Division en deux empires, celui du midi et celui du nord, jusque vers le milieu du 6e siècle.
394. Ngan-ti.
416. Kong-ti.

Dynastie Song.

418. Kao-tssu-wu-ti I.
424. Wen-ti.
454. Wu-ti III.
463. Ming-ti III.

Dynastie Tsi.

477. Kao-ti?

481. Wu-ti IV.

492. Ming-ti IV.

Dynastie Leang.

500. Kao-tssu-wu-ti II.

548. Kien-wan-ti.

Dynastie Tschin.

556. Kao-tssu-wu-ti III.

559. Wen-ti III.

566. Suen-ti.

Dynastie Sui.

581. Wen-ti IV.

589. Conquête de l'empire du nord et de l'empire du midi.

602. Yang-ti.

Dynastie Tang.

617. Kao-tssu.

626. Tai-tssong I.

646. Kao-tssong I.

683. Wu-schi (impératrice).

704. Tschong-song.

712. Hiuen-tssong.

756. So-tssong.

762. Tai-tssong II.

770. Irruption des Tartares.

779. Te-tssong.

815. Hiuen-tssong II.

830. Mo-tss.

834. King-tss.
836. Weng-tss I.
850. Wu-tss.
856. Suen-tss I.
869. Y-tss.
883. Hi-tss.
898. Tschao-tss.

Dynastie Heu-u-tai.

907. Tai-tssu.
913. Mo-ti.
923. Tschuang-tss.
926. Ming-tss.
936. Kao-tssu I.
943. Tssi-wang.
947. Kao-tssu II.
949. Yn-ti.
951. Tai-tssu II.
954. Chi-tss.

Dynastie Song.

960. Tai-tssu III.
977. Tai-tssong III.
998. Tsching-tss.
1022. Schin-tss.
1063. Yng-tss I.
1067. Chin-tss I.
1085. Tsche-tss.
1100. Hoci-tss.
1126. Kao-tss I.
1162. Hiao-tss.

1189. Quang-tss.
1194. Ning-tss.
1224. Li-tssong.
1264. Tu-tss.
1274. Cong-tss.
1276. Zuen-tss.

Dynastie Iuen.

1276. Chi-tssu ou Cublai, fait la conquête de la
Chine qu'il soumet à la domination des
Mogols.
1294. Tching-tssong I.
1308. Wou-tssong.
1311. Tching-tssong II.
1320. Yng-tssong II.
1323. Tai-ting.
1329. Weng-tssong II.
1332. Chun-ti. (Mogols chassés.)

Dynastie Ming.

1368. Tai-tssu IV.
1398. Kien-wan-ti.
1402. Tching-tssu.
1425. Suen-tssong II.
1435. Yng-tssong III.
1449. King-chin.
1464. Hien-tssong.
1487. Hiao-tssong II.
1505. Wu-tssong.
1521. Chin-tssong II.
1567. Mo-tssong.

1573. Tchin-tssong.
1621. Hi-tssong.
1628. Hoai-tss.

Dynastie Tssing.

1644. Chun-tchi.
1661. Kang-hi.
1722. Yong-tching.
1735. Kien-long.
1795. Kia-king.

RELIGION DES CHINOIS.

La religion la plus ancienne de la Chine est celle des Lettrés, qui ne reconnaissent point d'autre dieu que le ciel, sous le nom de Tien ou Xan-ti, sans idoles ni statues. Ils offrent des sacrifices aux astres. C'est le culte de l'état. On place au second rang d'ancienneté la secte des Sorciers, qui adorent les démons et pratiquent la magie.—L'an 3455 de la création, Confucius institue en Chine une école de philosophie; ses livres sont un monument sacré chez les Chinois, qui lui rendent un culte idolâtre.—L'an 52 de J.-C., Foé, ou Kokia, fonde, avec autorité royale, la secte qui porte son nom, et qui le regarde comme dieu et le rédempteur des péchés des hommes.

JAPONAIS.

On n'a pu rien découvrir encore touchant les commencemens de la monarchie japonaise : elle n'est pas ancienne, et ne pourrait monter plus haut que 1500 ans ; néanmoins on n'a que de très-faibles conjectures sur son origine. Il y a apparence que les îles du Japon ont été peuplées par des Tartares et des Chinois.

On ne peut guère douter que les premiers habitans du Japon n'aient eu un chef qui fonda la monarchie, et dont les descendans sont les Daos ou Dairi, qui ont régné jusqu'au seizième siècle, et ont encore une ombre de royauté. Ils se faisaient croire enfans du soleil et devaient être placés après leur mort au rang des dieux Camis. Les gouverneurs des provinces ayant secoué le joug se firent tous rois ; on en compte jusqu'à soixante-dix. Aujourd'hui tous ces rois sont soumis et gardent encore leur titre de roi pour honorer la cour de l'empereur.

Tous les Japonais, à la réserve de quelques athées qui croient l'âme mortelle, sont idolâtres et reconnaissent une infinité de dieux. Les plus anciens sont les Camis, qu'on prétend être descendus du soleil. Les sotoques de la Chine sont

aussi adorés au Japon ; mais, outre ces deux espèces de divinités, il y en a quatre principales
qu'on peut regarder comme les dieux du premier
ordre. Le plus considérable de tous est Amida,
une des plus anciennes idoles de la Chine ; le second est Xaca, qui est en même temps le législateur et le fondateur de la religion ; les deux
autres sont Canou et Gizou, dont on ne raconte
que des fables ridicules. Pour ce qui est du culte
que les Japonais rendent à leurs idoles, rien n'est
plus semblable à celui des chrétiens. Leurs bonzes,
ou prêtres, vivent dans une austérité apparente
qui leur concilie la vénération des peuples ; ils
prêchent la morale la plus pure que l'on puisse
trouver dans le paganisme. Les Japonais font des
processions et brûlent des cierges; ils ont imité
les chapelets, les pèlerinages, la confession et la
pénitence publique.

St.-François Xavier porta l'Évangile au Japon,
l'an 1549.

ASSYRIENS,

OU CHALDÉENS.

Ans
du monde.

1809. NEMBROD, qu'on suppose être arrière-petit-fils de Noé.

—— Assur, qui donna apparemment son nom à l'Assyrie et bâtit, dit-on, la ville de Ninive.

1819. Bélus.

1874. Ninus.

1926. Sémiramis, qui fonde Babylone.

1968. Ninias, ou Zaméis.

2006. Arius.

2036. Aralius.

2076. Xerxes, ou Baleus I.

2106. Aramithres.

2144. Belochius I.

2179. Baleus II.

2231. Séthos.

2263. Mamythus.

2293. Ascharius.

2321. Spherus.

2343. Mamilus.

2373. Spartheus.

2415. Ascatades.

2453. Amynthes.

2498. Belochius II.

2523. Balatores.

2553. Lamprides.

2583. Sosares.

2605. Lampares.

ƺ635. Panyas.

2680. Sosarmus.

2699. Mithreus.

2726. Teulame.

2758. Teuteus.

2800. Thineus.

2830. Dercylas.

2870. Eupates.

2908. Laosthenes.

2945. Pirithiades.

2974. Ophracteus.

2995. Epharcheres.

3046. Acracarnes.

3088. Sardanapale.

3213. Phul.

3245. Téglathphalasar.

3245. La Syrie est réunie à l'Assyrie.

3261. Salmanasar.

3263. Captivité des Israëlites en Assyrie.

3270. Sennacherib. (Révolte des Mèdes.)

3282. Assarhadon.

3317. Saos-du-Chin.

3337. Chiniladan.

3359. Nabopolassar.

3360. Sarac, roi des Assyriens de Ninive.

3384. Empire des Assyriens de Ninive joint à la Médie.

3388. Nabuchodonosor-le-Grand.

3395. Captivité des Juifs à Babylone.

3420. Evilmerodas.

3429. Nabenadius.

3453. L'empire d'Assyrie est conquis par Cyrus et réuni à la Perse. Voyez *Perse*, *première époque*.

RELIGION DES ASSYRIENS.

Le dieu Baal ou Bélus, dont le culte était très-répandu en Orient, mais surtout chez les Assyriens, paraît être le même que Jupiter. L'idole du soleil sous le nom d'Aglibolus, qui est le même que Beelphegor, était très-honorée chez ces peuples, et le culte de la déesse syrienne, appelée aussi Dercéto, Atergatis, Vénus, ou la mère des dieux, s'était introduit chez les Assyriens, de même que chez tous leurs voisins.

INDIENS.

Si l'on met les Chinois au premier rang d'ancienneté, il est difficile de ne pas convenir que les Indiens, placés entre la Chine et l'Asie occidentale, qui fut le berceau du genre humain, ne soient au moins aussi anciens que les Chinois; mais le peu de commerce que les Européens avaient autrefois avec les Indiens, a donné occasion à une infinité de fables touchant l'origine de ce peuple. Suivant eux, Bacchus ou Liber, qu'ils assurent être né dans ce pays, a le premier triomphé des Indiens et soumis leurs royaumes. Depuis ce temps, il est sûr que les rois de Perse occupèrent quelque partie de l'Inde. Alexandre-le-Grand, après avoir vaincu Darius, y porta ses armes, et y vainquit en bataille Porus, roi des Indiens. Depuis Alexandre, ces peuples n'ont point été inquiétés par les étrangers, jusqu'à ce que les Portugais, conduits par Vasco de Gama, s'y établirent sur la fin du quinzième siècle. Depuis, les Hollandais y ont beaucoup affaibli les Portugais. Une partie de l'Inde est administrée par le Grand Mogol, roi mahométan.

Voyez *Mogols*.

On remarque chez les Indiens ou Brachmanes

deux espèces d'opinions religieuses : la première est celle des philosophes, et la seconde celle du peuple. Par une suite de cette croyance que Dieu est l'âme du monde, le vulgaire révère tous les grands objets naturels, comme contenant une portion de la divinité. Cette vénération a donné naissance aux intelligences subalternes ; mais les prêtres et les philosophes s'accordent à nier l'existence de ces divinités inférieures.

Dieu est adoré chez ces peuples sous la figure de Brama, personnage allégorique qui signifie la sagesse divine, et qu'on croit être le même qu'Abraham.

Ils racontent que le Dieu suprême a créé trois dieux inférieurs, Brama, Vishnou et Routren ; que Brama s'est incarné pour être le rédempteur des hommes ; que Vishnou a paru dans le monde sous neuf formes différentes, et y doit paraître encore sous une nouvelle.

Les Indiens se divisent en six sectes. Ils ont tous un si grand respect pour les vaches, qu'ils se croient bienheureux pourvu qu'ils en aient une queue à la main quand ils meurent.

SYRIENS.

C'est vers l'an 2000 de la création que les Syriens fondèrent la ville de Damas, première époque de leur histoire. Ils étaient alors gouvernés par de petits rois qui nous sont inconnus.

Vers l'an 2930, David, roi d'Israël, soumet les petits rois qui se partageaient le gouvernement de la Syrie.

2980. Reson, roi de toute la Syrie.

3000. Tabrimen.

3032. Benbadad I.

3305. Benbadad II.

3434. Alazael.

8453. Benbadad III (tributaire des Israélites).

3200. Rezin.

3245. Syrie conquise et jointe à l'Assyrie.

3453. L'Assyrie et la Syrie réunies à la Perse.

3654. La Perse et les états qui en dépendent soumis aux Grecs.

3683. Fondation du nouveau royaume de Syrie, au partage de la succession d'Alexandre-le-Grand.

—— Seleucus I, Nicanor.

3703. Antiochus I, Soter.

3722. Antiochus II, le Dieu.

3728. Les Parthes se séparent de la Syrie.

3738. Seleucus II, Callinicus.

3758. Seleucus III, Ceraunus.

3761. Antiochus III, le Grand.

3797. Seleucus IV, Philopator.

3808. Antiochus IV, Epiphane.

3820. Antiochus V, Eupator.

3822. Démétrius I, Soter.

3835. Alexandre Bala.

3845. Antiochus VI, Energetes.

3858. Antiochus VII, Epiphanes.

3871. Antiochus IX, Cysicus.

3888. Seleucus V.

3890. Antiochus X, XI.

3897. Antiochus XII.

3901. Tigranes.

3918. Syrie soumise aux Romains.

Après
J.-C.

395. Partage de l'empire romain; la Syrie est comprise dans l'empire d'Orient.

660. La Syrie soumise aux Arabes mahométans. Elle est encore aujourd'hui sous la domination des Turcs ottomans.

Pour le culte des anciens Syriens, voyez *Phéniciens*, ci-après.

PHÉNICIENS et TYRIENS,

OU CHANANÉENS.

Les Phéniciens, descendus de Chanaan, fils de Cham, ont pour premier monument de leur histoire, la ville de Sidon, qu'ils fondèrent vers l'an 2200 de la création.

Vers l'an 2460, Agénor règne en Phénicie.

Vers l'an 2500, Cadmus part de Phénicie et va fonder Thèbes en Béotie.

L'an 2732, fondation de la ville de Tyr.

2877. Hiram I.

2898. Abibal.

2936. Hiram II, ami de David et de Salomon.

2970. Baléazar.

2990. Abdastarte.

3010. Astarte.

3022. Aserimus.

3031. Phelès.

3044. Ithobal I.

3050. Badezor.

3072. Mettimus.

3090. Pygmalion.

3106. Didon, fuyant la tyrannie de Pygmalion, son frère, part de Phénicie, et va fon-

der en Afrique la ville et l'empire de
Carthage.

—— (Plusieurs rois inconnus.)

3260. Eluléus.

3350. Ithobal II.

—— On compte huit rois depuis Ithobal II,
jusqu'à Hiram III.

3393. Conquête de Sidon par Nabuchodonosor-
le-Grand, roi d'Assyrie.

3406. Destruction de Tyr par Nabuchodonosor;
soumission complète des Phéniciens,
qui ne reparaissent plus dans l'histoire.

———

CULTE DES PHÉNICIENS,

SYRIENS, ARABES ET AUTRES PEUPLES VOISINS.

Le culte des idoles est très-ancien dans ces
contrées, qui ont été habitées par les premiers
hommes. On ne connaît point d'idoles plus anciennes que les Téraphim de Laban, qui habi-
tait la Mésopotamie. Tharé, père d'Abraham,
était idolâtre. Ce culte s'était aussi introduit
dans la famille de Jacob, qui détruisit toutes les
idoles. Les Moabites adoraient Chamos et Béel-
zébuth. Les Philistins et les Phéniciens avaient
un dieu nommé Dagon, qui tomba devant l'arche
sainte apportée dans son temple. La déesse sy-

rienne, dont le culte fut très-répandu, est la même que Dercéto, Atergatis, Vénus ou la déesse Astrate des Phéniciens, appelée dans l'Ecriture Astoreth, et dont Salomon adopta le culte. La déesse syrienne était mère de Sémiramis. Les Chaldéens et les Juifs adoraient encore Malachlébus, idole de la lune. Les Arabes sacrifiaient à Alilat, à Urotalt, à la lune et aux démons; ils adoraient la tour Acara, bâtie par leur patriarche Ismaël, fils d'Abraham, de même qu'une grosse pierre carrée qui passait pour être l'image de Vénus.

MÉSOPOTAMIENS.

Les Mésopotamiens étaient autrefois idolâtres, et on le reconnaît en ce que Rachel emporta les idoles de Laban, son père, lorsqu'elle sortit de la Mésopotamie pour suivre Jacob. Ce pays, aujourd'hui soumis aux Persans ou Perses modernes, est peuplé de mahométans; on y trouve aussi un grand nombre de juifs et de chrétiens des églises d'Arménie et d'Abyssinie.

Pour le culte, voyez *Phéniciens*.

MOABITES.

Les Moabites sont descendans de Moab., qui naquit de l'inceste de Loth avec sa fille aînée. Les Moabites refusèrent passage aux Israélites, lorsqu'ils entrèrent dans la terre promise. Depuis, David les vainquit et les rendit tributaires des Juifs. Ils se révoltèrent et furent encore soumis sous le règne de Josaphat; alors l'histoire ne parle plus des Moabites. Le pays qu'ils habitaient est aujourd'hui peuplé de mahométans, de juifs et de chrétiens.

Pour le culte, voyez *Phéniciens.*

PHILISTINS.

Ces peuples, qui habitaient la Palestine, du côté de l'Égypte, étaient ennemis des Israélites, qu'ils réduisirent souvent en servitude. Ceux-ci se vengèrent de leurs hostilités au temps de Samson, de David, de Saül, d'Héli, etc. Ce peuple n'est connu que dans l'histoire de l'Ancien-Testament.

Pour le culte, voyez *Phéniciens.*

ARABES ANCIENS.

Les anciens Arabes avaient des princes particuliers qui les gouvernaient, et qui donnaient même à leurs voisins des secours considérables contre leurs ennemis. Les historiens nous apprennent que ces princes furent vaincus par les Égyptiens, par les Perses, et par les rois d'Assyrie. Alexandre-le-Grand soumit aussi les Arabes. Hiérotinus, l'un de leurs rois, eut jusqu'à six cents enfans de diverses femmes. Il se rendit très-puissant dans le temps que les successeurs d'Alexandre se faisaient la guerre. Ceux qui régnèrent après lui se maintinrent en cet état.

Hircan, roi des Juifs, implora le secours d'Arétas, roi des Arabes. Quelque temps après, Aristobule défit Arétas et Hircan.

Abodas succéda à Arétas. C'est contre Silleus, qui régna après lui, qu'Hérode-le-Grand fit la guerre.

A Silleus succéda Enée Aritas, qui fut nommé par Auguste, car déjà les Romains étaient maîtres de ce pays ; mais leur conquête ne s'acheva que sous Trajan.

Les Arabes se révoltèrent souvent contre les

Romains et restèrent dans la même position jusqu'au temps de Mahomet.

CULTE DES ARABES ANCIENS.

Ils étaient idolâtres et adoraient le soleil, la
lune, les astres, et même des arbres et des ser-
pens. Ils rendaient aussi un culte particulier à la
tour d'Alcara ou d'Aquébila, qu'ils disaient avoir
été bâtie par Ismael, fils d'Abraham, leur patriarche, pour lequel ils avaient un très-grand
respect, aussi bien que pour sa mère Agar; et, à
leur considération, ils se faisaient appeler Aga-
réniens et Ismaélites. On conjecture que les trois
mages, qui vinrent adorer Jésus-Christ, furent
les premiers apôtres de l'Arabie.

ARABES MODERNES.

705. Walid I.
715. Soliman.
717. Omar II.
720. Yésid II.
724. Hescham.
732. Défaite des Arabes, par Charles-Martel,
    entre Tours et Poitiers.
743. Walid II.
744. Yésid III.
744. Ibrahim.
744. Merwan II.
750. Aboul-Abbas.
754. Aboul-Almanzor.
775. Mahadi.
784. Al-hadi.
786. Haroun-al-Raschid.
809. Amin.
813. Mamon.
833. Motassem.
842. Watek-Billah.
847. Mothawakel.
861. Montasser.
862. Mostain-Billah.
866. Motaz.
869. Mothadi-Billah.
870. Mothamed-Billah.
892. Mothaded-Billah.
902. Moctafi-Billah.
908. Moktader-Billah.

932. Kaher-Billah.
934. Rhadi-Billah.
940. Motaki-Billah.
944. Mostakfi-Billah.
974. Thay-Billah.
991. Kader-Billah.
1031. Kaien-Bamrillah.
1075. Moctadi-Bamrillah.
1094. Mostadher-Billah.
1118. Mostarched-Billah.
1134. Raschid.
1136. Moctafi II, Beamrillah.
1160. Mostandged.
1170. Mosthadi-Beamrillah.
1180. Nasser-Ledinillah.
1225. Daher-Billah.
1226. Mostanser-Billah.
1243. Mostazem-Billah.
1258. Le grand Mogol Houlagou prend Bagdad, fait périr Mostazem-Billah, 55ᵉ calife et le dernier des Abassides.

Les historiens conviennent que la dignité de calife fut alors éteinte en Asie. Toute l'Arabie, la Perse, l'Asie-mineure et la Syrie passèrent sous la domination des Mogols.

Voyez *Mogols*.

TROYENS.

Pour le culte, voyez *Assyriens*, *Phéniciens* et *Grecs*.

PHRYGIENS.

C'est vers l'an 2500 du monde que les Phrygiens commencent à paraître dans l'histoire ; mais on ne les connaît encore, à cette époque, que par leurs rapports avec les peuples les plus voisins.

Vers 2650, Gordien règne en Phrygie.

L'an 2675, Midas I.

Vers l'an 2702, Gordien II.

Vers l'an 2780, Otréus.

Il s'écoule ensuite six siècles pendant lesquels l'histoire de ce peuple nous est tout-à-fait inconnue.

L'an 3400, Midas II, contemporain d'Esope, règne en Phrygie.

L'an 3435, la Phrygie est soumise par Crésus, roi de Lydie ; les Phrygiens disparaissent de l'histoire.

Pour le culte, voyez *Assyriens*, *Phéniciens* et *Grecs*.

LYDIENS.

L'an 2500 du monde, la dynastie des Alliades occupe le trône de Lydie.

2674. Pelops passe de Lydie en Elide ; la même année, Ilus de Troie soumet la Lydie.

2675. Argon, commence la dynastie des Héraclides.

2810. Léon. (La dynastie des Héraclides, dont les autres rois nous sont inconnus, possède le trône pendant les trois siècles suivans.)

3180. Ardys I.

3227. Alyattes I.

3244. Meles.

3253. Candaule.

3270. Gygès commence la dynastie des Mermnades, qui est la dernière.

3308. Ardys II.

3357. Sadyattes.

3369. Alyattes II.

3426. Crésus.

3445. Crésus vaincu par Cyrus ; la Lydie soumise à la Perse.

Pour le culte, voyez *Assyriens*, *Phéniciens* et *Grecs*.

PERSE.

PREMIÈRE ÉPOQUE.

Depuis l'origine jusqu'au temps de la conquête par Alexandre.

Ans
du monde.

3200. ORIGINE des Perses.

3300. Soumis à la domination des Mèdes, jusque vers la fin de ce siècle.

3431. Cyrus. (La même année, la Médie, conquise par Cyrus, est jointe à la Perse.)

3453. Conquête de l'Assyrie, par Cyrus, qui la réunit à la Perse.

3455. Cambyse.

3459. Conquête de l'Égypte par Cambysè.

3462. Smerdis, le mage.

3463. Darius I, fils d'Hydaspe. (Zoroastre.)

3484. Sardes brûlée. Guerre contre les Grecs.

3494. Défaite à Marathon.

3495. Xerxes I, le Grand.

3504. Défaites aux Thermopyles, à Artemisium et à Salamine.

3505. Défaites à Platée et à Mycale.

3510. Artaxerxes-Longue-main.

3514. Défaite sur l'Eurymédon.

3534. Défaite près de Chypre.

3559. Xerxes II, Sogdien.

5560. Sogdien.

3560. Darius II, Nothus, ou le Bâtard.

3579. Artaxerxes II, Mnemon.

3582. Révolte du jeune Cyrus; retraite des dix mille Grecs.

3597. Paix d'Antalcidas.

3618. Artaxerxes III, Ochus.

3644. Arses.

3648. Darius III, Codoman.

3650. Bataille sur le Granique.

3651. Bataille d'Issus.

3653. Egypte conquise sur les Perses par Alexandre-le-Grand; fondation d'Alexandrie.

3653. Bataille d'Arbelles.

A cette époque la Perse est entièrement soumise aux Grecs par Alexandre-le-Grand, qui met fin à la monarchie des Perses. Peu de temps après, à la mort d'Alexandre, la Perse est démembrée, et concourt, comme les autres états de l'Asie, conquis par les Grecs, à la formation de nouveaux royaumes, que se partagent les généraux d'Alexandre. Environ trois siècles après, la Perse, ou les états qui en ont été formés, passent sous la domination des Romains. Ce n'est que deux siècles encore plus tard, vers l'an 200 de J.-C., qu'un nouveau royaume de Perse est fondé par la dynastie des Sassanaïdes.

Voyez *Perse*, deuxième époque.

***

CULTE DES PERSES.

Ils n'avaient ni statues, ni temples, ni autels. Ils montaient sur les plus hautes montagnes pour sacrifier à Jupiter ou le ciel, et aux élémens. Ils appelaient le soleil Mithras, et ils lui immolaient des victimes humaines. Le culte de Mithras fut très-célèbre ; il se répandit chez les Romains et même chez les Gaulois. Il fallait passer par quatre-vingt sortes de supplices pour mériter l'initiation aux mystères de Mithras. Leurs mages ou prêtres, dont le plus ancien est Zoroastre, blâment ceux qui font des idoles et qui admettent des dieux de l'un et de l'autre sexe. Ils admettaient un bon principe, Jupiter ou Oromaze, et un mauvais principe, Pluton ou Arimane ; Mithras tenait le milieu. Les deux principes devaient se faire la guerre pendant six mille ans ; à la fin, le mauvais principe serait vaincu, et alors les hommes seraient heureux et n'auraient plus besoin de manger.

PERSE.

DEUXIEME ÉPOQUE.

Depuis la ¿fondation du second empire par Artaxerxes, chef de la dynastie des Sassanaïdes, jusqu'au temps de la conquête. de la Perse par les Arabes mahométans.

Ans
de J.-C.

226. ARTAXERXES I.

241. Sapor I.

272. Hormisdas I.

273. Varane I.

276. Varane II.

293. Varane III.

294. Narses.

301. Hormisdas II.

309. Sapor II.

380. Artaxerxes II.

383. Sapor III.

388. Varane IV.

399. Isdigerde I.

420. Varane V.

440. Isdigerde II.

457. Perose.

488. Balaces.

491. Cavade.

531. Chosroës I.

579. Hormisdas III.

591. Chosroës II.

627. Siroës.

630. Arbazes.

632. Isdigerde III.

638. Conquête de la Perse par Omar, le deuxième des califes.

A cette époque, un grand nombre de Perses 'étaient soumis au christianisme ; les autres taient ou juifs, ou idolâtres du culte des Romains ; mais le mahométisme se répandit dans leur pays, et donna bientôt l'exclusion aux autres cultes. La Perse n'était plus un état général et indépendant ; elle était sous la domination des califes, et gouvernée par plusieurs familles souveraines, dont les chefs prirent d'abord le titre de califes, et ensuite celui de sultans. Cet état de choses continua jusqu'au temps où Ismaël Sophi, mahométan, de la secte d'Ali, ayant vaincu les Turcomans et les autres familles qui commandaient en Perse, y fonda le nouvel empire.

Voyez *Perse, troisième époque,* ou *Perse moderne.*

PERSE.

TROISIÈME ÉPOQUE.
(Perse moderne.)

IsMAEL SophI, mahométan de la secte d'Ali, ayant vaincu les Turcomans et les autres familles musulmanes souveraines qui gouvernaient en Perse, y fonde l'empire de la Perse moderne, l'an 1499 de J.-C.

Ans
de J.-C.

1499. Ismaël Sophi.

1524. Thomas I.

1576. Ismaël II.

1577. Kodabendé.

1585. Abbas I.

1629. Mirza.

1642. Abbas II.

1666. Soliman.

1694. Hussein.

1715. Mir-Weiss.

1722. Thomas II.

1732. Abbas III.

1736. Nadir.

1760. Kérinkan.

1778. Abul-Fat.

1784. Zadick.

1797. Baba.

18... Fath-Ali-Schah.

MÈDES.

3275. ARBACES, gouverneur des Mèdes, s'étant révolté contre les Assyriens, affranchit les Mèdes de leurs tributs, et se fait leur roi.

3281. Déjocès.

3334. Phraortes.

3356. Cyaxare.

3396. Astyage.

3431. La Médie est conquise par Cyrus, et soumise à la domination des Perses. Fin de l'empire des Mèdes.

Pour le culte, voyez *Perse*, *première époque*.

CAPPADOCE.

—

Après la mort d'Alexandre-le-Grand, les états que ce prince possédait en Asie furent divisés, et formèrent des états nouveaux. La Cappadoce, érigée en royaume, échut à Ariarathe, qui monta sur le trône l'an 3677 du monde.

3683. Ariarathe II.
3710. Ariamne.
3745. Ariarathe III.
3760. Ariarathe IV.
3800. Ariarathe V, Philopator.
3850. Laodice.
3853. Ariarathe VI.
3860. Ariarathe VII.
3880. Ariarathe VIII.
3894. Ariobarzane I.
3935. Ariobarzane II.
3950. Archélaüs.

L'an 17 de J.-C., la Cappadoce est soumise aux Romains, sous Tibère. Fin du royaume de Cappadoce.

Pour le culte, voyez *Grèce de la première époque*, et *Perse de la première époque*.

—

LE PONT.

3683. Après la bataille d'Ipsus et le partage de l'empire d'Alexandre, Mithridate Ethistes monte sur le trône de Pont.
3718. Mithridate II.
3754. Ariobarzane.
3760. Mithridate III.
3770. Mithridate IV.
3790. Pharmaces.
3827. Mithridate V, Energètes.
3861. Mithridate VI, le Grand.
3921. Soumis par les Romains, sous le dictateur Sylla. Fin du royaume de Pont.

Pour le culte, voyez *Cappadoce*.

BITHYNIE.

La Bithynie, d'abord gouvernée par Antigone, après la mort d'Alexandre-le-Grand, jusqu'au temps de la bataille d'Ipsus, fut ensuite donnée à Zipœtes, qui en devint roi, l'an 3683 du monde.

3708. Nicomède.

3730. Zéla.

3754. Prusias I, le Boiteux.

3794. Prusias II.

3835. Nicomède II, Epiphanes.

3892. Nicomède III.

3909. La Bythinie léguée aux Romains par Nicomède III. Fin du royaume de Bithynie.

Pour le culte, voyez *Cappadoce*.

PERGAME.

La royaume de Pergame, formé de l'une des parties de la succession d'Alexandre-le-Grand, eut pour premier roi Philetærus, l'an 3709 du monde.

3720. Eumène I.
3742. Attale I.
3786. Eumène II.
3786. Eumène III.
3826. Attale II.
3846. Attale III.
3854. Légué aux Romains par Attale III. Fin du royaume de Pergame.

Pour le culte, voyez *Cappadoce*.

PARTHES.

3728. Les Parthes qui avaient été compris dans la formation de l'état de Syrie, lors du partage de l'empire d'Alexandre-le-Grand, après la bataille d'Ipsus, se séparent de la Syrie, et forment un royaume indépendant, sous le gouvernement d'Arsaces, leur premier roi.

3730. Tiridate.

3767. Artaban I.

3775. Priapasius.

3790. Phrates I.

3840. Mithridate I.

3847. Phrates II.

3856. Artaban II.

3860. Mithridate II.

3897. Mnaskieres.

3903. Sinotroces.

3915. Phrates III.

3925. Mithridate III.

3928. Orodes.

3947. Phrates IV.

Après
J.-C.

4. Phrates V, Orodes.

6. Vonones I.

15. Artaban III.

43. Gotarces.

51. Vonones II.

52. Vologeses I.

91. Pacorus.

108. Cosroës.

120. Parchanaspates.

134. Vologeses II.

189. Vologeses III.

214. Artaban IV.

226. Les Parthes sont vaincus par Artaxerxes qui rétablit l'empire des Perses (voyez *Perse, deuxième époque*), et commence la dynastie des Sassanaïdes.

Pour le culte, voyez *Cappadoce*.

GALATIE.

La Galatie paraît avoir été comprise dans la formation du royaume de Bithynie, après la mort d'Alexandre-le-Grand ; cependant l'histoire nous apprend que vers l'an 3700 du monde, des Gaulois d'Illyrie, ayant porté leurs établissemens jusqu'en Asie, furent accueillis par Nicomède, roi des Galates, qui en fit passer un grand nombre dans ses armées.

L'an 3895, la Galatie est dépendante et tributaire des Romains.

Vers l'an 3900, Déjotar règne en Galatie.

Vers l'an 3950, les Romains mettent fin au royaume de Galatie, où régnait alors Amyntas.

Pour le culte, voyez *Cappadoce.*

BACTRES ou BACTRIENS.

LES Bactriens furent soumis de très-bonne heure à des rois. Zoroastre règna en Bactriane, et fut contemporain de Ninus, qui lui fit la guerre et lui enleva son pays. La Bactriane fut subjuguée d'abord par les Assyriens, et ensuite par les Perses, sous Cyrus. Elle tomba après cela sous la puissance des Macédoniens, et resta entre les mains des successeurs de Seleucus Nicator, jusqu'au règne d'Antiochus Theos, lorsque Théodote, de gouverneur de cette province, en devint roi, l'an 300 avant J.-C. (environ l'an 3680 du monde). Ses descendans possédèrent le royaume de Bactriane jusqu'au temps où les Parthes en conquirent une partie, laissant le reste aux Scythes, qui possédaient encore la Bactriane sous les empereurs Adrien, Antonin-le-Pieux et Valérien, et qui furent enfin chassés par les Huns, lesquels régnaient en Bactriane, du temps de Ladislas IV, roi de Hongrie. Aujourd'hui la Bactriane, sous le nom de Korasan, forme l'une des provinces de la Perse moderne.

SCYTHES.

———

L'ʜɪsᴛᴏɪʀᴇ de ces peuples errans et barbares n'est pas assez connue pour qu'on en donne une chronologie ; ils n'ont eu d'ailleurs que fort peu de rapports avec leurs voisins ; et il est probable que ces peuples nomades n'écrivaient pas leur histoire. Nous allons dire cependant ce qui est connu de leur culte.

Les Scythes honoraient la déesse Vesta plus que tous les autres dieux. Ils adoraient Jupiter, et la Terre son épouse, Apollon, Vénus, Hercule, Mars et le dieu Zamolxis. Ceux qu'on appelle Scythes royaux adoraient encore Neptune sous le nom de Thamimasades. Ils immolaient des chevaux. Ils bâtissaient des temples à Mars, avec des sarmens, et mettaient au-dessus une vieille épée qui passait pour la statue de ce dieu ; ils lui immolaient le centième de leurs captifs pris en guerre. Leurs autres dieux n'avaient ni temples, ni autels, ni idoles.

ROYAUME DE JÉRUSALEM.

Le royaume de Jérusalem est formé des conquêtes des Chrétiens croisés, en Palestine, en Syrie et en Egypte.

1099. Godefroy de Bouillon.
1111. Baudoin I.
1118. Baudoin II.
1131. Fules.
1142. Baudoin III.
1150. Almaric.
1173. Baudoin IV.
1187. Gnide.
1190. Fin du royaume de Jérusalem, conquis par le sultan Saladin.

MOGOLS.

L'an 1212 de J. C., les Mogols, nation tartare, qui avaient déjà envahi le nord de la Chine, un siècle auparavant, viennent fonder un empire à côté de celui des Califes, sous le gouvernement de Témudchin ou Gengis-khan.

1227. Oktai.

1245. Gajuk.

1248. Prise de Bagdad ; conquête de tout l'empire des Califes.

1251. Mangu.

1256. Bereke.

1259. Cublai. Il fait la conquête de toute la Chine et y fonde une dynastie.

Alors l'empire des Mogols en occident se partage et s'affaiblit, jusqu'au temps de l'expulsion de la Chine, l'an 1368. Tamerlan règne à cette époque, et les Mogols reprennent un peu de lustre, qu'ils perdent ensuite vers la fin du 15e siècle.

L'an 1495, Babur fonde le nouvel empire de l'Indostan ou du grand Mogol, sur les ruines de l'ancien ; mais l'an 1717, ce grand empire est envahi et presque détruit pas les Anglais.

Les Mogols sont pour la plupart du culte mahométan ; quelques-uns sont encore idolâtres, du culte des Indiens.

TURCS ou OTTOMANS

EN ASIE.

L'an 1281 de J.-C. les Turcs de la ligne otto-
mane et de la secte d'Omar, ayant vaincu les
Turcs-Karismiens venus de Perse, qui occupaient
l'Asie-mineure, y élèvent l'empire turc ou ottoman, dont le siège fut transporté d'Asie en Europe, après la prise de Constantinople sur les
Grecs, l'an 1458; c'est jusqu'à cette époque
qu'on va conduire ici la chronologie de ce peuple.
Pour la suite, voyez *Turcs en Europe.*

Ans
de J.-C.

1281. Osman I.

1326. Orchan.

1328. Prise de Nicomédie.

1355. Prise de Gallipoli.

1360. Prise de Romélie.

1360. Murad I.

1389. Bajazet I.

1390. Prise de la Servie et de la Macédoine.

1402. Soliman I.

1410. Musa.

1413. Mahomet I.

1421. Murad II.

1444. Bataille de Varna.

1451. Mahomet II.

1458. Prise de Constantinople.

TARTARES.

Tous les Tartares prétendent être issus de Turk, fils aîné de Japhet. Quoique depuis Gengis-khan, qui soumit toute la Tartarie, ils aient été connus sous le nom de Tartares ou Mogols, ils conservent encore entre eux le nom de Turcs, prétendant même qu'aucune autre nation n'a droit de le porter.

Les peuples de la grande Tartarie furent réunis sous une seule domination à la fin du douzième siècle de J.-C. par Gengis-khan, chef des Mogols. Cette monarchie fut divisée après sa mort; et, environ deux cents ans plus tard, Timur ou Tamerlan, qui descendait comme Gengis-khan des premiers princes mogols, réunit la plus grande partie de la Tartarie. Ses descendans règnent dans l'Indostan, et nous sont connus sous le nom de Mogols; mais ceux de Gengis-khan commandent encore aux différentes branches des peuples de la grande et de la petite Tartarie

III.

AFRIQUE.

AFRIQUE.

———

DE tous les peuples de l'Afrique, les Egyptiens et les Carthaginois sont les seuls qui aient figuré dans l'histoire ; on ne pourra donc ici s'occuper, ni des peuples de l'Afrique intérieure, ni de ceux des côtes de l'Océan atlantique et de la mer des Indes. On ne dira rien non plus des états de Maroc, d'Alger et de Tunis, sous la domination du grand-seigneur de Constantinople, et qu'on ne doit pas regarder comme des gouvernemens absolument indépendans ; les noms de leurs princes ou gouverneurs sont donc sans intérêt pour l'histoire. Les peuples de l'Abyssinie et de la Nubie, quoique chrétiens de l'église dite d'Abyssinie, sont peu connus sous le rapport de leur chronologie, par le défaut de communication avec les Européens ; on croit devoir aussi s'abstenir d'en parler.

ÉGYPTE.

PREMIÈRE ÉPOQUE.

Depuis la fondation du royaume d'Égypte jusqu'au temps de la conquête des Perses, sous Cambyse.

Ans
du monde.

1809. MENÈS. (On le croit le même que Mesraïm fils de Cham.)

1910 (environ). Busiris I.

2010 (environ). Busiris II.

—— Fondation de Thèbes.

—— Fondation de Memphis.

2050 (environ). Osymandias.

2120 (environ). Uchoreus.

2234. Joseph en Egypte.

2280 (environ). Egyptus.

2310 (environ). Sasichis.

2426. Cécrops passe d'Egypte en Attique, et fonde Athènes. (Depuis cette époque jusqu'au temps de Mœris, vers l'an 2580, l'Egypte fut gouvernée par des rois pasteurs appelés *Hycsos*, et qui nous sont inconnus.)

2580 (environ). Mœris.

2630 (environ). Sésostris.

2680 (environ). Phéron.

2715 (environ). Amasis.

2740 (environ). Mendès.

2790 (environ). Protée. Origine de la construction des pyramides.

3010 (environ). Gnephactus.

3040 (environ). Bocchoris.

3110 (environ). Asychis.

3150 (environ). Anysis.

3210 (environ). Sabacon.

3220 (environ). Sevechus.

3240 (environ). Tarachus.

3260 (environ). Séthon.

3297. Anarchie.

3299. Dodécarchie (douze rois).

3314. Psamméticus I.

3366. Néchos. (Circumnavigation supposée de
l'Afrique.)

3384. Psammis.

3390. Apris, ou Ephrée.

3395. Perthamis.

3401. Amasis.

3458. Psamméticus II.

3459. Conquête de l'Egypte par Cambyse, roi de
Perse. Voyez *Egypte, deuxième époque.*

CULTE DES ANCIENS ÉGYPTIENS.

Les Egyptiens reconnaissaient un Dieu immortel nommé Kneph. Ils admettaient deux principes, l'un du bien, l'autre du mal. Le bon principe se composait de trois personnes : le père ou Osiris, la mère ou Isis, et le fils ou Orus. Le mauvais principe était Typhon. Osiris et Isis naquirent du Soleil et de Rhéa. Tandis qu'ils étaient encore dans le sein de leur mère, ils s'unirent et procréèrent le dieu Orus. Typhon ne naquit point; il perça les flancs de Rhéa par un violent effort. Ils racontaient la mort d'Osiris, la guerre d'Orus contre Typhon, et la défaite de celui-ci.

Les Egyptiens faisaient présider des divinités aux planètes, aux élémens, aux bêtes et aux plantes. Chaque divinité avait ses temples, ses statues et ses prêtres. Ils sacrifiaient différens animaux. Leurs philosophes avaient sur la nature divine une science sublime et cachée, qu'ils ne montraient au peuple que sous l'enveloppe de fables et d'allégories.

ÉGYPTE.

DEUXIÈME ÉPOQUE.

Depuis Cambyse jusqu'au temps de la conquête de l'Égypte par les Romains.

Voyez *Egypte*, *première et troisième époque*, et *Royaume de Jérusalem*.

L'Egypte, conquise par les Perses, l'an 3459, resta sous leur dépendance, comme province de leur empire, jusqu'à l'an 3570, qu'elle fut délivrée par Amirléus, auquel succéda Acoris, et à celui-ci Nectabénus. Sous ce troisième et dernier roi, l'an 3634, l'Egypte fut de nouveau conquise par les Perses. L'an 3653, elle fut conquise par Alexandre-le-Grand sur les Perses ; et enfin, l'an 3677, au partage de la succession d'Alexandre, elle reprit une forme de gouvernement indépendant et monarchique, sous les Ptolémée.

Ans
du monde.

3677. Ptolémée I, fils de Lagus.
3692. Conquête de Chypre.
3700. Ptolémée II, Philadelphe.
3734. Conquête de la Carie, de la Lycie, de la Pamphilie et de la Cilicie, sur la Syrie.

3737. Ptolémée III, Energetes.

3760. Ptolémée IV, Philopator.

3780. La Syrie reprend les pays conquis par l'Égypte.

3780. Ptolémée V, Epiphanes.

3803. Perte de la Phénicie et de la Palestine.

3803. Ptolémée VI, Philometor.

3836. Ptolémée VII, Physcon.

3867. Ptolémée VIII, Lathyrus.

3877. Ptolémée IX, Alexandre.

3903. Bérénice et Alexandre.

3919. Ptolémée X, Auletes.

3927. Bérénice II.

3933. Dionyse.

3937. Chypre conquise par les Romains.

3937. Cléopâtre.

3954. L'Égypte conquise par les Romains. Fin du royaume d'Égypte.

Voyez *Égypte, troisième époque.*

ÉGYPTE.

TROISIÈME ÉPOQUE.

Depuis la conquête de l'Égypte par les Romains jusqu'à nos jours.

L'an 3954 du monde, l'Egypte, conquise par les Romains, devient une des provinces de leur empire ; elle est administrée par des gouverneurs jusqu'au temps de la division de l'Empire, l'an 395 de J.-C.

Alors elle se trouve dans le partage d'Arcadius (voyez *Empire romain*), et entre dans la composition de l'empire d'Orient.

L'an 640 , les Arabes mahométans font la conquête de l'Egypte et s'y établissent.

L'an 868, l'Egypte, entièrement convertie au culte mahométan, s'affranchit de l'autorité des califes d'Asie , et se crée des califes ou souverains indépendans. Elle est d'abord gouvernée par la dynastie des Tulunides , à laquelle succèdent les Fatimites, l'an 969.

L'an 1099, les Chrétiens croisés fondent le royaume de Jérusalem, dans lequel entre une partie de l'Egypte.

L'an 1190, Saladin recouvre l'Eypte sur les Chrétiens, et met fin au royaume de Jérusalem. L'an 1220, les Mamelucks succèdent, en Egypte, aux Fatimites.

L'an 1547, l'Egypte est conquise par les Turcs ottomans; elle est, depuis ce temps, dépendante de leur empire et administrée par des pachas ou vice-rois.

ÉTHIOPIENS.

Les Ethiopiens, suivant l'Ancien-Testament, sont descendus de Chus, fils de Cham, et petit-fils de Noé. Ces peuples, de bonne heure soumis à la domination des Egyptiens dont l'empire s'était formé à côté d'eux, n'ont aucune espèce de chronologie; on peut donner cependant une idée de leur religion.

Ils pratiquent la circoncision et croient qu'il y a un dieu immortel qui est l'auteur de toutes choses, et un dieu immortel qui n'a point de nom et qui est inconnu. Il y a parmi eux un grand nombre de Chrétiens schismatiques de l'église dite d'Abyssinie; on prétend qu'ils ont reçu la foi de saint Philippe, apôtre.

Ceux de la zône torride passent pour athées; ils haïssent le soleil et lui donnent des malédictions parce qu'il les brûle. D'autres adorent Hercule, Pan et Isis, et bâtissent des temples à ces divinités.

CARTHAGINOIS.

3106 Du monde, fondation de Carthage par Didon, venue de Phénicie.

3360 (environ). Les Carthaginois soumettent la Corse.

3445. Guerre contre les Phocéens.

3451. Première guerre en Afrique.

3460 (environ). Conquête de l'Espagne et de la Sardaigne.

3476. Traité de commerce avec les Romains.

3490. Alliance avec Xerxès.

3503. Défaite près d'Himère.

3524. Deuxième guerre en Afrique.

3574. Guerre contre la Sicile, jusqu'en 3647.

3575. Hannon Giscon.

3577. Imilkar.

3639. Deuxième guerre contre la Sicile.

3647. Hannon.

3673. Victoire sur Agatoclès, près d'Himère.

3706. Guerre contre Pyrrhus.

3720. Première guerre contre les Romains.

3724. Hannon.

3729. Xantippe.

3735. Adherbal.

3747. Amilcar en Espagne.

CULTE DES CARTHAGINOIS.

La religion des Carthaginois était la même que celle de Tyr et de Sidon. Ils avaient appris des Phéniciens, leurs pères, le culte de Saturne, auquel ils sacrifiaient leurs propres enfans. L'empereur Tibère défendit ce culte sanglant, et fit pendre les prêtres devant les temples.

La patronne de Carthage était Junon, qui y avait déposé ses armes et son char, ce qui fit appeler cette ville Junonia. Ils adoraient encore Uranie ou la lune, Cybèle, Jupiter, Neptune, Mars, Hercule, Apollon, son fils Esculape, né d'une femme de leur pays, et la plupart des autres divinités grecques.

Il y avait aussi des divinités propres au pays, comme Didon ou Elissa, Anna Perenna sa sœur.

Amilcar et Annibal furent aussi honorés du titre de dieu.

IV.

AMÉRIQUE.

HÉMISPHÈRE NORD.

Les peuples de ces contrées avaient, au temps de leur découverte par les Européens, des gouvernemens, des lois et des religions ; mais on n'a trouvé chez eux aucune chronique qui puisse servir à leur histoire. Ils reconnaissaient presque tous un Dieu créateur, et l'immortalité de l'âme ; la plupart croyaient à la résurrection universelle, au bon et au mauvais principe, et sacrifiaient au soleil des animaux et des captifs. Quelques-uns étaient circoncis, pratiquaient la confession et autres exercices des Chrétiens, et l'on croit qu'ils avaient une idée confuse du déluge. Il y avait au Mexique des temples magnifiques. Les prêtres, qui étaient aussi médecins et prophètes, pratiquaient la magie et les évocations ; ceux de la Virginie possédaient une langue savante qui n'était entendue que du sacerdoce. Dans le cours du seizième siècle, les Européens, ayant fondé des établissemens dans ces pays, y ont porté le Christianisme ; cependant il y a une foule de peuplades indigènes et errantes qui sont encore dans l'idolâtrie ; on les évalue à 500,000 pour l'hémisphère nord.

HÉMISPHÈRE SUD.

On a découvert chez les peuples de cet hémisphère, des gouvernemens et des religions, comme chez ceux de l'hémisphère nord, avec les mêmes pratiques, les mêmes institutions sacerdotales, et la même croyance à l'immortalité. Les peuples du Pérou avaient bâti au soleil des temples magnifiques ; leurs prêtres, appelés Incas, et successeurs de Manco-capac, leur législateur, fils du soleil, avaient des cordes nouées qui leur tenaient lieu d'écriture. Les Européens qui se sont établis dans ces contrées, au seizième siècle, y ont porté le christianisme. On évalue à 400,000 âmes les peuplades errantes de l'hémisphère sud, qui sont encore dans l'idolâtrie.

V.

OCÉANIE.

OCÉANIE.

On comprend, sous le titre d'Océanie, les îles de la mer du nord, celles de l'Océan atlantique, de la mer des Indes et du grand Océan. Les îles de l'Océan atlantique sont au pouvoir des Européens, et le Christianisme y est professé ; le Mahométisme a été répandu dans la plupart des îles de la mer des Indes., et les peuples des îles voisines de la Chine et du Japon ont le culte de ces deux pays. Les peuples qui habitent les autres terres de l'Océanie, nous sont très-peu connus, et vivent encore dans l'idolâtrie.

VI.

CHRONOLOGIE

DE

L'ANCIEN-TESTAMENT.

PATRIARCHES.

(Avant le Déluge.)

1. Adam.
130. Seth, troisième fils d'Adam.
235. Énos.
325. Cainan.
395. Malaléel.
460. Jared.
622. Hénoch, enlevé au ciel.
687. Mathusalem, qui a vécu 969 ans.
874. Lamech.
930. Mort d'Adam.
1056. Noé, fils de Lamech.
Alliance de la race de Seth et de celle de Caïn, son frère, d'où naissent les Géans.
1556. Construction de l'Arche.
1656. Le déluge.
1658. Arphaxad, fils de Sem, l'un des trois fils de Noé.

PATRIARCHES.

(Après le Déluge.)

1687. Salé.

1717. Héber.

1751. Phaleg.

1781. Reu.

1808. La tour de Babel. Dispersion des enfans de Noé.

1813. Sarug, fils de Reu.

1843. Nachor.

1872. Tharé.

1942. Abraham.

2022. Vocation d'Abraham.

2043. Isaac.

2122. Jacob (origine de la circoncision).

2234. Joseph vendu par ses frères.

2246. Elévation de Joseph.

2257. Jacob et sa famille vont en Egypte.

2273. Moïse exposé sur le Nil.

2453. Vocation de Moïse. Sortie de l'Égypte.

2493. Élection de Josué; entrée en Palestine.

RÉPUBLIQUE D'ISRAEL,

Sous le gouvernement des Juges.

—— Josué.

2525. Othoniel.

2583. Aod.

2563. Samgar.

2683. Debora, prophétesse, et Barac, prophète.

2730. Vocation de Gédéon.

2770. Abimélech.

2773. Thola.

2818. Jephté.

——— Abessan.

——— Élon.

——— Abdon.

2829. Samson.

2849. Héli.

2889. Samuel.

GOUVERNEMENT MONARCHIQUE.

2916. Saül, roi.

2929. David.

2969. Salomon.

3009. Révolte des dix tribus, qui a été l'origine du royaume d'Israël, auquel Salmanasar a mis fin, l'an 3263.

ROYAUME DE JUDA.

Les tribus restées fidèles sous Roboam, ont formé le royaume de Juda.

3009. Roboam.

——— (Semeias, prophète.)

——— (Ahias, prophète.)

:3026. Abias.

3029. Asa.

3070. Josaphat. (Jéhu, prophète.)

3095. Joram.

3099. Ochosias.

3100. Athalie.

3106. Joas. (Jonas, prophète; Zacharie, prophète.)

3144. Amasias.

3164. (Anarchie.)

3175. Assarias. (Osée, prophète; Michas, prophète.)

3225. Joathan. (Isaïe, prophète.)

3241. Achaz.

3256. Ézéchias.

3285. Manassès. (Nahum, prophète; Joël, prophète; Habacuc, prophète.)

3341. Amon.

3342. Josias. (Holda, prophétesse; Sophonias, prophète.)

3372. Joachas. Joakim.

3576. —— captif de Nabuchodonosor.(Ézéchiel, prophète.)

3585. Jéchonias (captif).

—— Sédécias.

3596. Captivité à Babylone.(Daniel, prophète.)

3446. Retour en Judée. (Aggée, prophète; Zacharie, prophète.)

ARISTOCRATIE,

3499. Joachim.

3516. (Esdras, prophète.)

3529. Nehemias. (Malachie, prophète.)

3540. Eliasib.

3569. Jojadas II.

3609. Jonathas.

3641. Jaddus.

3653. Alexandre-le-Grand prend Jérusalem.

3660. Onias.

3677. Ptolémée prend Jérusalem.

3684. Simon.

3690. Eléazar.

3704. Version des Septante.

3705. Manassès.

3731. Onias II.

3734. Ptolémée Philopator en Judée.

3763. Simon II.

3788. Onias III.

3800. Jean Hircan, le dernier de la lignée de Juda.

3808. Jason.

3810. Ménélaus.

——— Lysimachus.

——— Antiochus prend Jérusalem.

3815. Mathatias.

MACHABÉES ROIS ET PONTIFES.

3817. Judas Machabée.
3823. Jonathas.
3841. Simon.
3849. Jean Hircan.
3880. Aristobule I.
3881. Alexandre Jeannée.
3884. Hircan II.
3918. Aristobule II.

DOMINATION DES ROMAINS.

3918. Hircan II, rétabli.
3944. Antigone.
3945. Ananel.
3947. Hérode Iduméen, élu roi par les Romains.
3948. Aristobule III.
3951. Ananel, rétabli.
3952. Jésus, fils de Phabet.
3958. Simon, fils de Boétus.
3984. Naissance de Jésus-Christ.

Après J.-C.

—— Hérode II.
26. Ponce-Pilate, procureur en Judée pour les Romains.
33. Mort de Jésus-Christ.

VII.

CHRONOLOGIE

DES

PAPES,

DES ANTIPAPES, DES CONCILES, DES SCHISMES, DES HÉRÉSIES, ETC.

44. S. Pierre s'établit à Rome.
46. (Cérinthiens.)
— (Ebionistes.)
54. 1re persécution.
66. S. Lin, premier successeur de S. Pierre.
— (Nicolaïtes.)
74. (Ménandrites.)
78. S. Clet.
81. 2e persécution.
91. S. Clément.
98. 3e persécution.
100. S. Evariste.
105. (Basilidiens.)
109. S. Alexandre I.
119. S. Sixte I.

120. (Carpocratiens.)
127. S. Thélesphore.
139. S. Hygin.
142. S. Pie I.
—— (Valentiniens.)
154. (Cerdonistes.)
157. S. Anicet.
160. (Colarbasiens.)
161. 4e persécution.
168. S. Soter.
170. (Tatianistes.)
177. S. Eleuthère.
178. (Montanistes.)
180. (Severiens.)
193. S. Victor I.
194. 5e persécution.
202. S. Zéphirin.
204. (Apostoliques.)

207. (Patropassiens.)
249. S. Calixte.
223. S. Urbain I.
230. S. Pontien.
— (Origénistes.)
235. S. Anthère. (6e persécution.)
236. S. Fabien.
240. (Noétiens.)
250. 7e persécution.
251. S. Corneille.
252. Novatien, anti-pape : secte des Novatiens.
252. S. Luce I.
253. S. Etienne. (8e persécution.)
257. S. Sixte II.
259. S. Denis.
269. S. Félix I.
270. 9e persécution.
— S. Eutichien.
274. (Manichéens.)
283. S. Caïus.
284. 10e persécution.
296. S. Marcellin.
— C'est vers la fin de ce siècle que les moines, les anachorètes et les cénobites prennent naissance en Égypte.

308. S. Marcel.
310. S. Eusèbe.
311. S. Miltiade.
312. (Donatistes.)
314. S. Sylvestre.
315. (Ariens.)
324. Conversion de l'emper. Constantin. Le sénat romain érige une statue d'or à J.-C.
325. Premier concile général, de Nicée, contre les Ariens.
336. S. Marc I.
337. Jules I.
341. (Macédoniens.)
352. S. Libère (exilé).
355. S. Félix II, reconnu seulement par quelques-uns.

755. Exarchat de Ra-
venne, donné
au pape par le
roi Pepin; ori-
gine de la puis-
sance tempo-
relle.
757. S. Paul I.
767. Etienne IV.
— Constantin, an-
tipape.
772. Adrien.
787. Septième conci-
le général, de
Nicée, contre
les Iconoclas-
tes.
795. S. Léon III.
816. S. Etienne V.
817. S. Paschal I.
824. Eugène II. Zin-
zime, antipape.
827. Valentin.
828. Grégoire IV.
844. Serge II. Jean,
antipape.
847. S. Léon IV.
855. Benoît III. Anas-
tase, antipape.

857. (Photiens, ou
Grecs schisma-
tiques.)
858. Nicolas I.
867. Adrien II.
869. Huitième con-
cile général,
de Constanti-
nople, contre
Photius.
872. Jean VIII.
882. Martin II.
884. Adrien III.
885. Etienne VI.
891. Formose. Ser-
gius, antipape.
896. Boniface VI, an-
tipape.
896. Etienne VII.
897. Romain, antipa-
pe.
898. Théodose II.
— Jean IX.
900. Benoît IV.
903. Léon V.
— Christophe. Ser-
gius III
910. Ordre de Cluny.
911. Anastase III.

14

914. Landon. Jean X.

928. Léon VI.

929. Etienne VIII.

931. Jean XI.

936. Léon VII.

939. Etienne IX.

942. Martin III.

946. Agapet II.

956. Jean XII.

964. Léon VIII, anti-
pape.

964. Benoît V. Jean
XIII.

972. Benoît VI.

974. Boniface VII, an-
tipape.

974. Domnus II. Be-
noît VII.

984. Jean XIV. Jean
XV.

986. Jean XVI, anti-
pape.

— Grégoire V.

999. Sylvestre II.

1003. Jean XVII.

1004. Jean XVIII.

1009. Sergius IV.

1012. Grégoire, anti-
pape.

1012. Benoît VIII.

1024. Jean XIX.

1033. Benoît IX (ab-
dique).

—— Jean XX, anti-
pape.

1044. Sylvestre, anti-
pape.

—— Grégoire VI (ab-
dique).

1046. Clément II.

1047. Benoît IX, ré-
tabli.

1048. Damase II.

1048. S. Léon IX.

1054. Victor II.

1057. Etienne X.

1058. Nicolas II.

—— Benoît X, anti-
pape.

1061. Alexandre II.

—— Honoré II, an-
tipape.

1073. Grégoire VII.

1080. Clément III,
antipape.

1084. Ordre des Char-
treux.

1086. Victor III.

1087. Urbain II.

1096. — prêche la pre-
mière croisade

1098. Paschal II. Hos-
pitaliers, de-
puis chevaliers
de Malte.

1118. Chevaliers du
Temple, abolis
en 1311.

—— Gélase II.

—— Grégoire VIII,
antipape.

1119. Callixte II.

1123. Neuvième con-
cile général, de
Latran.

1124. Honoré II.

—— (Pétrobrussiens.)

1130. Innocent II.

—— Anaclet II, an-
tipape.

—— Victor, antipape.

1143. Célestin II.

1144. Luce II.

1145. Eugène III.

1147. Deuxième croi-
sade.

1153. Anastase IV.

1154. Adrien IV.

1159. Alexandre III.

—— Victor IV, anti-
pape.

1163. Paschal III, an-
tipape.

1179. Concile de La-
tran, contre les
Vaudois.

1181. Luce III.

1185. Urbain III.

1187. Grégoire VIII.

—— Clément VIII.

—— Troisième croi-
sade.

1191. Célestin III.

— Ordre Teutonique

1198. Innocent III.

1204. Quatrième croi-
sade.

—— Inquisition.

1209. Ordre de Saint-
François.

1215. Concile de La-
tran, contre les
Albigeois.

1216. Honoré III.

—— Dominicains.

1227. Grégoire IX.

1228. Cinquième croi-
sade.
1241. Célestin IV.
1243. Innocent IV.
1245. Dixième concile
général, de
Lyon, contre
Frédéric II.
1248. Sixième croi-
sade.
1254. Alexandre IV.
1161. Urbain IV.
1265. Clément IV.
1270. Septième et der-
nière croisade.
1271. Grégoire X.
1274. Onzième concile
général, de
Lyon, pour la
réunion de l'É-
glise grecque.
1276. Innocent V.
—— Adrien V.
1277. Jean XXI.
—— Nicolas III.
1281. Martin IV.
1285. Honoré IV.
1288. Nicolas IV.
1294. Célestin V.

1294. Boniface VIII.
1300. Jubilé.
1303. Benoît XI.
1305. Clément V.
1309. — à Avignon.
1311. Douzième con-
cile général, de
Vienne, contre
les Templiers.
1315. (Lollards.)
1316. Jean XXII.
1326. Nicolas V, anti-
pape.
1334. Benoît XII.
1342. Clément VI.
1352. Innocent VI.
1362. Urbain V, à Rome.
1370. Grégoire XI.
1377. (Wicléfites.)
1378. Urbain VI.
1378. Clément VII, an-
tipape, à Avi-
gnon.
1394. Benoît XIII, an-
tipape, à Avi-
gnon.
1398. Boniface IX.
1400. (Hussites.)
1404. Innocent VII.

1406. Grégoire XII.

1409. Alexandre V, à Pise.

1410. Jean XXIII, à Rome.

1414. Concile de Constance, contre les Hussites.

1417. Martin V.

1424. Clément VIII, antipape.

1431. Eugène IV. Concile de Basle, pour la pacification de l'Église en Allemagne.

1439. Treizième concile général, de Florence, pour la réunion de l'Église grecque.

1439. Félix V, le 34e et le dernier des antipapes.

1440. Pragmatique Sanction.

1447. Nicolas V.

1455. Calixte III.

1458. Pie II.

1464. Paul II.

1471. Sixte IV.

1484. Innocent VII.

1492. Alexandre VI.

1503. Pie III. Jules II.

1542. Quatorzième concile général, de Latran.

1513. Léon X.

1515. Concordat : le roi nomme, et le pape institue les évèques.

1517. (Luthériens.)

1522. Adrien VI.

1523. Clément VIII.

1525. (Anabaptistes.)

1533. (Calvinistes.)

1534. Paul III.

1545. Jésuites.

1545. Quinzième concile général, de Trente, contre les Luthériens.

1550. Jules III.

1555. Marcel II.

—— Paul IV.

1559. Pie IV.

1566. Pie V.

1568. Bulle *In cœna domini.*

1572. Grégoire XIII.

1574. (Sociniens.)

1582. Réforme du ca-lendrier.

1585. Sixte V.

1590. Urbain VII.

1590. Grégoire XIV.

1591. Innocent IX.

1592. Clément VIII.

1605. Léon XI. Paul V.

1621. Grégoire XV.

1623. Urbain VIII.

1644. Innocent X.

1653. (Jansénistes.)

1655. Alexandre VII.

1667. Clément IX.

1670. Clément X.

1676. Innocent XI.

1685. (Molinistes.)

1685. Révocation de l'édit de Nan-tes.

1689. Alexandre VIII.

—— C'est vers cette époque que la

secte des Pié-tistes ou inspi-rés prend nais-sance en Fran-ce.

1691. Innocent XII.

1700. Clément XI.

—— Bulle *Unigenitus:* grands troubles dans l'Église de France.

1721. Innocent XIII.

1724. Benoît XIII.

1730. Clément XII.

1740. Benoît XIV.

1758. Clément XIII.

1769. Clément XIV.

1773. Suppression des Jésuites. — Ils sont rétablis en 1814.

1775. Pie VI.

1790. Grands troubles dans l'Église de France.

1800. Pie VII.

1801. Concordat avec la France.

—— Schismes de la

Petite Église en France.

1804. Le Pape va à Paris couronner Napoléon.

1808. Entrée des Français à Rome.

1809. Italie réunie à la France. Rome ville libre. — Napoléon excommunié. Enlèvement du Pape.

1810. Le Pape conduit à Paris.

1812. Transféré à Fontainebleau.

1813. Concordat avec la France.

1814. Retour du Pape à Rome.

1814. Le Pape rétablit les Jésuites dans tous les pays de la chrétienté.

1817. Concordat avec la Bavière.

1818. Concordat avec le roi des deux Siciles.

1823. Léon XII.

1829. Pie VIII, le 245e de la chronologie des Papes.

VIII.

CHRONOLOGIE

DES

HOMMES CÉLÈBRES

DE TOUS LES SIÈCLES,

DANS LES ARTS ET DANS LES SCIENCES.

De 2900 à 3000 du monde.

Homère.	Hésiode.	David.

De 3000 à 3100.

Élie.

De 3100 à 3200.

Lycurgue.	(Didon.)	(Athalie.)

De 3200 à 3300.

Tyrtée.	Isaïe.	Salmanasar.
Romulus.	(Judith.)	Sardanapale.
Numa.	Tobie.	Arbace.

De 3300 à 3400.

Thalès.	Dracon.	Nabuchodon.
(Sapho.)	Solon.	Déjocès.
Esope.	Jérémie.	Néchao.
Cadmus.	Ezéchiel.	Alcée.

14.

De 3400 à 3500.

Pythagore.	Miltiade.	Darius I.
Anacréon.	Pisistrate.	Cyrus.
Héraclite.	Tarquin - le-	Cambyse.
Pindare.	Superbe.	Zoroastre.
(Corinne).	Junius Brutus.	Confucius.
Anaxagore.	(Lucrèce.)	Anacharsis.
Sophocle.	Men. Agrippa.	Anaximandre.
Euripide.	Cincinnatus.	Anaximène.
Léonidas	Coriolan.	Pilpay.
Aristide.	Daniel.	Callimaque.
Thémistocle.	Zorobabel.	Démocrite.

De 3500 à 3600.

Hérodote.	Prodicas.	Thrasybule.
Phidias.	Polyclète.	Cimon.
Thucydide.	Myron.	(Aspasie.)
Socrate.	Ctésias.	Périclès.
Méthon.	Platon.	Alcibiade.
Hippocrate.	Zeuxis.	Iphicrate.
Lysias.	Diogène.	Denys-le-Tyran.
Gorgias.	Théopompe.	Xerxès.
Xénophon.	Xénocrate.	Empédocle.
Aristophane.	Agésilas	Artemon.
Antisthène.	Conon.	Parrhasius.
Isocrates.	Nicias.	Aristote.

De 3600 à 3700.

Démosthènes.	Praxitèle.	Apelles.

Zénon.
Pyrrhon.
Ménandre.
Lysippe.
Epicure.
Euclide.
Plaute.
Eschyle.
Zoïle.
Théocrite.
Térence.
Lysandre.

Démétrius de
Phalère.
Timothée.
Phocion.
Pélopidas.
Epaminondas.
Camille.
Brennus
Manlius Tor-
quatus.
Timoléon.
Philippe II.

Alexandre-le-
Grand.
Eumène.
Seleucus.
Datames.
Agathocle.
Darius Codo-
man.
Ptolemée Lagus.
Théophraste.
Manéthon.
Protogène.

De 3700 à 3800.

Archimède.
Polybe.
Aristarque.
Hipparque.
Aratus.
Agis.
Pyrrhus.
Fabricius.

Regulus.
Fabius Maxi-
mus.
Emilius Paulus.
Marcellus.
Amilcar.
Metellus.
Annibal.

Scipion l'Afric.
Caton le Cen-
seur.
Fabius Pictor.
Ennius.
Bion.
Moschus.
Pausanias.

De 3800 à 3900.

Mummius.
Bérose.
Possidonius.
Varron.
Philon.
Lucrèce.

Salluste.
Catulle.
Tib. Gracchus.
Marius.
Scipion Emilius.
Jugurtha.

Antiochus Epi-
phanes.
Judas Macha-
bée
Eratosthène.
Nicias.

De 3900 à 3984.

Vitruve.	Tibulle.	Jules César.
Cornelius Nepos.	Phèdre.	Marcus Brutus.
	Sylla.	Cassius.
Diodore de Sicile.	Mithridate.	(Cléopâtre.)
	Sertorius.	Marc-Antoine.
Virgile.	Lucullus.	Lepide.
Horace.	Spartacus.	Octave, surnommé Auguste.
Tite-Live.	Caton d'Utiq.	
Denys d'Halicarnasse.	Cicéron.	Mécène.
	Catilina.	Agrippa.
Properce.	Pompée.	Drusus.
Ovide.	Crassus.	Hortensius.

De 1 à 100 après J.-C.

Sénèque.	(Agrippine.)	S. Jean-l'Évangéliste.
Pline l'Ancien.	Néron.	
Perse.	Vespasien.	S. Paul.
Quinte-Curce.	Titus.	Apollonius de Tyane.
Pétrone.	Trajan.	
Josèphe.	Agricola.	Frontin.
Juvénal.	S. Jean-Baptiste.	Paterculus.
Lucain.		Val. Maxime.
Quintilien.	S. Pierre.	Silius Italicus.
Tacite.	S. Étienne.	Martial.
Pline le Jeune.	S. Marc.	Stace.
Suétone.	S. Mathieu.	Celse.
Tibère.	S. Luc.	Strabon.

De 100 à 200.

Ptolémée.	Antonin.	Papinien.
Plutarque.	Marc-Aurèle.	Florus.
Justin.	Commode.	Lucien.
Gallien.	Julien I.	Diogène La-
Pausanias.	Septime-Sévère.	erce.
Tertullien.	Arrien.	Appien.
Adrien.	Épictète.	Aulugelle.

De 200 à 300.

Longin.	Odenatus.	Fingal.
Origène.	(Zénobie.)	Sapor.
Lactance.	Aurélien.	S. Cyprien.
Alexandre-Sé-	Dioclétien.	Ossian.
vère.	Carausius.	Dion Cassius.

De 300 à 400.

S. Athanase.	S. Augustin.	Théodose-le-
Eusèbe.	S. Chrysos-	Grand.
S. Grégoire de	tôme.	Stilicon.
Nazianze.	Constantin-le-	Arius.
S. Basile.	Grand.	S. Martin.
Ausone.	(Hélène.)	Sulp. Sévère.
S. Ambroise.	Julien II.	Aur. Victor.
S. Jérôme.	Jovien.	Am. Marcellin.
Prudence.	Valentinien.	Claudien.

De 400 à 500.

Macrobe.	(Clotilde.)	Odoacre.
S. Cyrille.	S. Léon.	S. Hilaire.
Zozime.	Genséric.	(Sainte Gene-
Alaric.	Ermanaric.	viève.)
Aétius.	(Pulchérie.)	Théodoret.
Ricimer.	Mérovée.	(Eudoxie.)
Pharamond.	Attila.	Boëce.
Clovis.	Théodoric-le-G.	

De 500 à 600.

Grégoire de	(Frédegonde.)	S. Grégoire.
Tours.	(Brunehaut.)	Chosroës.
S. Benoît.	Justinien.	Totila.
S. Augustin ,	Bélisaire.	Cassiodore.
d'Angleterre.	Narsès.	Procope.

De 600 à 700.

Isidore de Sé-	Bède-le-Véné-	Aboubekr.
ville.	rable.	Omar.
Marculfe.	Mahomet.	Héraclius,

De 700 à 800.

Frédégaire.	Eudes:	(Irène.)
Alcuin.	Abdérame.	Haroun-al-Ras-
George-le-Sin-	Charles-Martel.	chid.
celle.	Charlemagne.	Witikind.

De 800 à 900.

Eginhart.	Adon.	Alfred - le -
Albumasor.	Egbert-le-	Grand.
Hincmar.	Grand.	Théodora,

De 900 à 1000.

(Siècle d'ignorance et de barbarie.)

Alfarabi.	Henri - l'Oise -	Almanzor.
Azophy.	leur.	Hugues-Capet.
Rhazès.	Othon-le-Gr.	Sylvestre II.

De 1000 à 1100.

Canut-le-Grand.	Le Cid.	S. Bernard.
Avicenne.	Guillaume - le -	Pierre-l'Ermite.
Guy d'Arezzo.	Conquérant.	Godefroy - de -
Berenger.	Robert-Guiscard	Bouillon.
Averroës.	Grégoire VII.	Tancrède.

De 1100 a 1200.

Suger.	Frédéric - Bar -	Alexis Com-
Guillaume de	berousse.	nène.
Tyr.	Saladin.	Richard-Cœur-
Abeilard.	Gengis-khan.	de-Lion.
(Héloïse.)	Philippe-Au-	Pierre-le-Véné-
Suidas.	guste.	rable.
Gratien.		Anne Comnène.

De 1200 à 1300.

Roger-Bacon.	S. Louis.	S. Thomas d'A-
(Blanche de	Philippe-le-Bel.	quin.
Castille.)	Guillaume Tell.	Abdallab.

De 1300 à 1400.

Ottoman I.
Joinville.
Le Dante.
Boccace.
Froissard.
Edouard III.

Duguesclin.
Charles V.
Prince Noir.
Clisson.
Rienzi.

Jérôme de Pra-
gue.
Marguerite de
Danemárck.
Bajazet.
Tamerlan.

De 1400 à 1500.

Pétrarque.
Commines.
(Clotilde de
Surville.)
Charles VII.
(Jeanne d'Arc.)
Dunois.
Alphonse V.

(Marguerite
d'Anjou.)
Louis XI.
Léonard de
Vinci.
Card. Ximenès.
Améric Ves-
puce.

Gonzalve de
Cordoue.
Christophe Co-
lomb.
Louis XII.
Magellan.
Th. à Kempis.
Albuquerque.

De 1500 à 1600.

Henri VIII.
Bayard.
Gaston.
Léon X.
François I.
Charles-Quint.
Machiavel.
Duc d'Albe.
Rohan.

Pizarre.
Vasco de Gama.
Cortez.
Gustave Vasa.
Las Casas.
S. Ignace de
Loyola.
Marot.
Erasme.

Rabelais.
Guichardin.
Copernic.
L'Arioste.
Michel-Ange.
Spencer.
Shakspeare.
Corrége.
Le Titien.

Kepler.	Montaigne.	Sixte-Quint.
L'Hospital.	Le Tintoret.	Ticho-Brahé.
Le Tasse.	Vignole.	Henri IV.
Cervantes.	Goujon.	Mayenne.
L'Arétin.	Paul Véronèse.	Sully.
Raphaël.	D. Juan d'Au-	Mornay.
Amyot.	triche.	Crillon.
Ramus.	(Marie Stuart.)	S. François de
Ronsard.	(Élisabeth).	Sales.
Luther.	Lopez de	Galilée.
Soliman II.	Vega.	Bacon.
Calvin.	Néper.	Harvey.
Le Camoëns.	Coligny.	Grotius.

De 1600 à 1700.

Hobbes.	Gassendi.	Catinat.
Balzac.	Descartes.	Luxembourg.
Anne de Mont-	Le Poussin.	Vauban.
morency.	Milton.	Mazarin.
Gust. Adolphe.	Scarron.	Duquesne.
Charles Stuart.	Malherbe.	Tourville
Richelieu.	Ducange.	Colbert.
P. Molé.	Voiture.	Jean-Bart.
(Christine de	Le Dominicain.	Louvois.
Suède.)	Rubens.	Weymar.
S. Vincent de	Louis XIV.	Lamoignon.
Paul.	Turenne.	Ruyter.
Corneille.	Montecuculi.	Bayle.
Mézerai.	Condé.	Monk.

Molière.	Quinault.	Guill. stathou-
La Fontaine.	Fléchier.	der.
Pascal.	Dryden.	Marlborough.
(Sévigné.)	Chaulieu.	Eugène.
La Rochefou-	La Bruyère.	Massillon.
cault.	Le Sueur.	J. B. Rousseau.
Bossuet.	Boileau.	Addison.
Bourdaloue.	Perrault.	Leibnitz.
Malebranche.	Villars.	Rollin.
Spinosa.	Fénelon.	Vertot.
Locke.	Vendôme.	Regnard.
(Deshoulières.)	Penn.	Boerhaave.
Newton.	Fontenelle.	Lully.
Racine.	Sobieski.	Coysevox.

De 1700 à 1800.

Frédéric - le -	Voltaire.	Linnée.
Grand.	Métastase.	Louis XVI.
Charles XII.	Goldoni.	Franklin.
Duguay-Trouin.	Cassini.	De l'Epée.
M^{al} de Saxe,	Euler.	Mably.
Pierre-le-	Beaumarchais.	Marmontel.
Grand.	Buffon.	Helvétius.
Catherine.	Duclos.	Pope.
Montesquieu.	Young.	Vaucanson.
Clément XIV.	Boufflers.	Diderot.
Crébillon.	D'Aguesseau.	D'Alembert.
Prévost.	J.-J.-Rousseau.	Cook.
D'Olivet.	Condillac.	Gessner.

Gilbert	Malesherbes.	Mirabeau.
Gluck.	Bailli.	Dumouriez.
Mozart.	Piccini.	Chénier.
J. Vernet.	Galvani.	Denon.
Winkelman.	Grétry.	Fabre d'Eglan-
Jussieu.	Raynal.	tine.
Washington.	Tronchet.	Monge.
Suwarow.	Le Kain.	Kléber.
Suffren.	Spallanzani.	Pichegru.
Lovendal.	Lavoisier.	Desaix.
Lapérouse.	Le Brun.	Collin-d'Harle-
Howard.	Florian.	ville.

De 1800 à 1830.

(On n'a pas cru devoir placer ici aucun homme encore vivant.)

Jenner.	Bernardin de	Decrès.
Montgolfier.	St.-Pierre.	Bruix.
Necker.	Delille.	Volney.
Nelson.	Moreau.	Bessières.
Pitt.	Parny.	Sicard.
La Harpe.	Ney.	Berthier.
Duroc.	Murat.	Legouvé.
Lannes.	Brune.	Soult.
Alfieri.	Masséna.	Cambacérès.
Junot.	Ducis.	Maury.
Domergue.	(Staël.)	Fontanes.
Klopstock.	Millevoye.	Lebrun.

David.	Alexandre I.	La Rochefou-
Napoléon.	Girodet.	cault - Lian -
Eugène Beau-	Foy.	court.
harnais.	Talma.	Gall.
Suchet.	Laplace.	Picard.
Louis XVIII.	Canning.	Gouvion-St-Cyr.

IX.

CHRONOLOGIE

DES

DÉCOUVERTES ET INVENTIONS

Depuis les Temps les plus reculés,

ET DES INSTITUTIONS FRANÇAISES

les plus importantes, etc.

AVANT J.-C.

TEMPS INCERTAINS.

1800 (du monde). Culture des champs, des jardins, de la vigne. Inventions de la herse et de la faulx.

—— Fabrication de l'huile.

—— Invention du pain.

—— Cuisson de la viande.

1900. Art de filer et de tisser.

—— Teinture en pourpre

1900. Exploitation des mines.

2000. Art de travailler les métaux.

2100. Armes.

—— Chevaux domptés.

2200. Miroirs métalliques.

—— Monnaie.

—— Caractères d'écriture.

2300. Navigation.

2400. Année solaire.

TEMPS FABULEUX OU HÉROÏQUES.

2500. Saignée.
—— Vomitifs.
—— Clystères.
2621. Fortification des villes.

2700. Instrumens de menuiserie.
—— Vases en terre.
2800. Ouvrages en ivoire.
2900. Broderies en or.

TEMPS HISTORIQUES.

3200. Aimant.
3266. Batailles navales.
3370. Eclipse de lune calculée.
3440. Cartes de géographie.
—— Etablissement des postes en Perse.
—— Culture de la vigne et de l'olivier dans le midi de la Gaule.
3500. Système de Pythagore.

3500. Sonde.
—— Verre ardent.
3600. Aqueducs.
3700. Fanaux.
—— Pompes.
—— Horloges d'eau.
—— Vis d'Archimède.
—— Machines à projection.
3810. Pavage des rues.
3900. Mosaïque.
—— Savon, chez les Gaulois.
—— Sel ammoniac.

APRES J.-C.

AGE D'OR DE LA MONARCHIE ROMAINE.

100. Thériaque.
— Art de polir les glaces.
200. Verre coloré.
300. INVASIONS DES BARBARES.
300. Moulins à scier.
— Eclairage des rues.
357. Première mention de Lutèce (Paris) dans l'histoire.
400. Balance hydrostatique.
— Cloches.
— Première architecture gothique dans la Gaule.
500. Chiffres arabes introduits chez les Francs.
— La langue latine remplacée en France par la langue franque.
500. Vers à soie.
— Moulins à bateau.
600. GLOIRE DES SARRASINS.
600. Plumes à écrire.
622. (Mahomet.)
— Fondation de l'abbaye de Saint-Denis.
— Moulins à vent.
650. Etablissement des foires en France.
678. Feu Grégeois de Callinichus.
704. Papier de coton.
— Tapis de Turquie.
— Naissance de la chimie chez les Arabes.
751. Origine du sacre

des rois de France, à l'avènement de Pepin.

760. Orgues mues par l'eau.

760. Eau forte.
— Marine militaire en France.
— Premiers collé- ges fondés par Charlemagne.

———

FORMATION DES ÉTATS MODERNES.

800. Sucre chez les Arabes.
877. Origine de la féodalité en France.
900. Moulins à foulon.
939. Invention sup- posée de l'im- primerie chez les Chinois.
1000. CHEVALERIE.
1000. Origine des Trou- badours.
— Musique notée.
1100. CROISADES.
1100. Ordre des Tem- pliers.
— Fondation de l'ordre des Hos-

pitaliers, de- puis Chevaliers de Malte.
1100. Affranchissem. des communes en France.
— Horloges à roua- ges en France.
— Usage des armoi- ries.
— Institution des tournois en France.
— Origine de la di- gnité de pair en France
1137. Adoption du code de Justinien par les Français.

1165. Fondation de Notre-Dame de Paris.

—— Fondation du Louvre.

—— Paris fortifié, et ses rues pavées.

—— Faculté de médecine, à Montpellier.

1191. Ordre Teutonique.

1204. Inquisition.

—— Fondation de la Sorbonne.

—— Origine des universités.

—— Fondation des Quinze-vingts.

—— Miroirs de verre.

—— Ecluses.

1270. Institution des notaires en France.

—— Collége de chirurgie à Paris.

—— Boussole.

—— Lunettes.

—— Poudre a Canon.

1280. Horloges sonnant les heures.

1285. Etats-Généraux ; parlemens sédentaires, en France.

1303. Admission du Tiers-État aux États-Généraux en France.

1345. Affranchissement des serfs de la couronne, en France.

—— Papier fait de chiffons.

—— Jeux floraux à Toulouse.

—— Étamage des glaces.

1346. Canons.

1360. Art d'étirer les métaux.

—— Eau-de-vie.

—— Commencement de la bibliothèque royale, sous Charles-le-Sage.

1372. Usage de la bombe.

1380. Cartes à jouer.

—— Académie de peinture à Paris.

1430. Fusils à vent.

1435. IMPRIMERIE.

1440. Pragmatiq. Sanction ; base des libertés de l'église gallicane.

—— Chapeaux de feutre en France.

—— Carrosses.

1461. Etablissement des postes en France.

1486. Découverte du Cap.

1492. DÉCOUVERTE DE L'AMÉRIQUE.

—— Etablissement des tribunaux en France.

—— Premières tragédies jouées en France.

1500. Montres de poche

1547. Batterie de fusil.

—— (Luther.)

1533. (Calvin.)

1540. Chambre obscure.

1543. Système de Copernic.

1534. Ordre des Jésuites.

1547. Orangers apportés en Europe.

—— Tabac apporté en France.

1564. Fondation des Tuileries.

1564. Le renouvellement de l'année fixé en France au 1er janvier. (Elle commençait à Pâques.)

1578. Epingles.

—— Ordre du Saint-Esprit.)

1579. Académie de musique en France.

1579. Le Pont-Neuf, à Paris.

1751. Ecole militaire en France.

1753. Paratonnerre.

1759. Publication de l'Encyclopédie.

1760. Harmonica.

1775. Bateaux à vapeur en France.

1781. Découverte d'Uranus.

1782. Sténographie.

1783. École des mines en France.

1783. Aérostats en France.

1790. Télégraphe.

—— Vaccine.

1799. Eclairage par le gaz hydrogène.

—— Ponts en fer.

1800. Sucre de betterave.

1801. Découverte de Cérès.

1802. Découverte de Pallas.

1802. Ordre de la Légion d'honneur.

1802. Lithographie.

1803. Nouveau droit des Français, sous le titre de Code civil.

1806. Découverte de Vesta.

—— Fusées à la Congrève. Colonne d'Austerlitz.

1817. Enseignement mutuel.

1826. Hôtel de la Bourse, à Paris.

FIN.

www.ingramcontent.com/pod-product-compliance
Lightning Source LLC
Chambersburg PA
CBHW070804270326
41927CB00010B/2281